EL GRAN LIBRO DE LAS DINÁMICAS Y JUEGOS PARA NIÑOS CON TRASTORNO DEL ESPECTRO AUTISTA

115 Actividades para trabajar las emociones, las habilidades sociales y otras habilidades clave

Maren Neely

ÍNDICE

INTRODUCCIÓN

El trastorno del espectro autista, es una condición relacionada con el desarrollo del cerebro, la cual afecta la forma en que una persona percibe y se relaciona con otras, esto trae como consecuencia conflictos en su comunicación e interacción social.

Este trastorno del neurodesarrollo, tiene un origen neurobiológico e inicia en la infancia, con la presencia de comportamientos e intereses restringidos y repetitivos, su evolución es crónica, afectando en diferentes grados la adaptación funcional, el funcionamiento del lenguaje y el desarrollo intelectual, según sea caso y su desarrollo.

La definición y diagnóstico del Autismo, también llamado TEA, ha sufrido ciertas modificaciones y adaptaciones en los últimos años, como consecuencia de una serie de investigaciones.

El DSM-5 (Manual Diagnóstico y Estadístico de los Trastornos Mentales de American Psychiatric Association) introduce una denominación genérica de TEA y excluye las subcategorías que habían sido presentadas en el DSM-4 dando de esta forma, un concepto dimensional del autismo.

Con su publicación y nuevos criterios en el campo del Autismo, la clasificación del mismo quedó modificada considerablemente.

Los diferentes trastornos del espectro autista en el DSM-4, el trastorno autista, síndrome de Asperger y trastorno generalizado del desarrollo no especificado, entre otros, fueron eliminados para ser incluidos todos en una única nomenclatura de trastornos del espectro autista TEA.

El psiquiatra Kanner Leo, en 1943 describió el trastorno autista como la falta de contacto con las personas, ensimismamiento y soledad emocional. No fue el primer médico en percibir los síntomas, pero si el primero que logró diferenciarlo de la esquizofrenia.

Síntomas generales de autismo en niños

En algunos casos, los niños presentan signos de autismo en la primera infancia, se les dificulta al establecer contacto visual, dar respuestas cuando los llaman por su nombre o apatía con las personas encargadas de su cuidado.

Otros pueden desarrollarse con toda normalidad en los primeros meses o años de vida, pero luego, de manera inesperada se vuelven retraídos, introvertidos, agresivos o pierden habilidades del lenguaje que habían alcanzado. Generalmente, los signos suelen aparecer a partir de los dos años.

Existe un porcentaje de niños con TEA que presentan dificultades para aprender, mientras otros poseen signos de inteligencia que se considera inferior a lo normal.

Sin embargo, en casos particulares se puede percibir una inteligencia entre normal y alta, aprenden muy rápido, aunque tengan cierta dificultad para comunicarse, **poder** aplicar sus conocimientos y adaptarse a los diferentes entornos sociales.

Quizá los trastornos del espectro autista tienen un patrón de comportamiento y un nivel de gravedad que se considera único en cada caso, que puede partir desde un funcionamiento muy bajo, hasta uno muy alto.

En función de los síntomas únicos que caracteriza a cada niño, a veces resulta muy difícil poder discriminar el nivel de gravedad, por lo general, se toma como punto de referencia el nivel de deterioro y la forma en la que afecta la capacidad para un desenvolvimiento adecuado en los diferentes contextos en lo que hace vida.

Existen diferentes casos, sin embargo, cuando se conocen con exactitud se pueden encontrar diferentes estrategias y herramientas que permitan mejorar las relaciones con ellos e incorporarlos a los diferentes contextos sin mayor inconveniente.

Los niños que presentan esta condición muchas veces son incorporados sin un diagnóstico preciso en las diferentes áreas y rutinas, esto trae como consecuencia que muchos de ellos puedan sentirse frustrados e incomprendidos.

Se hace necesario facilitar herramientas a todas las personas involucradas en su entorno, a fin de que puedan de manera oportuna tratarlos y relacionarse con ellos, creando un ambiente de confianza y empatía.

Un niño con TEA difícilmente se abrirá a compartir o a establecer relaciones interpersonales con quien no conoce o no le es cercano, por el contrario, un niño que conoce bien su rutina y a todos los involucrados, con mayor facilidad podrá abrirse a la experiencia de conocer y ser conocido.

De esta forma, poco a poco iniciará un proceso de integración que, a largo plazo traerá grandes beneficios en muchas de las áreas de desarrollo.

Síntomas en la comunicación y relaciones sociales

Los niños que padecen TEA pueden presentar problemas con las formas de interacción social y las habilidades necesarias para comunicarse, los mismos pueden presentarse de la siguiente manera:

- No responden cuando se les llama por su nombre, parecieran no escuchar el llamado.

- Es cerrado con las expresiones emotivas, por lo que no corresponden a los abrazos, caricias u otras formas de manifestaciones afectivas, se supone que les gusta la soledad y prefieren abstraerse en su propio mundo.

- No se expresa con palabras, es de muy poco hablar o pierde la capacidad que tenía para comunicarse.

- No le es posible dar inicio a un proceso comunicativo y si lo hace es solo para pedir algo.

- Su habla y tono es anormal, en ocasiones habla con una voz cantada o como un robot.

- No comprende con claridad el uso adecuado de las palabras, por lo que repite frases textualmente o palabras.

- No tiene la capacidad de expresar sus sentimientos y emociones, pareciera no entender o importarle las de los demás.

- El uso de objetos para compartir intereses es desconocido.

- Aborda situaciones o reuniones sociales de forma perturbadora, inadecuada, pasiva o agresivamente.

- Se les dificulta reconocer las expresiones no verbales, como interpretaciones faciales en el otro.

- Inconveniente para repetir mensajes, palabras o sonidos.

- No dan respuestas correctas cuando se les formula alguna pregunta.

Modelos de comportamiento

Generalmente, el patrón de comportamiento en niños con autismo es repetitivo y limitado, aun cuando cada uno tenga sus intereses particulares, en cada caso pueden presentarse los signos que se mencionan a continuación:

- Sus movimientos son repetitivos, como balanceos, giros o aleteos de manos.

- Desarrolla actividades que, sin querer, pueden causarle daños como darse golpes a la cabeza o morderse.

- Sus rutinas o rituales son específicas, si se les hace algún cambio se alteran.

- Presenta problemas de coordinación y movimientos extraños, como ser torpes o querer caminar con la punta del pie.

- Su lenguaje corporal es raro, rígido y extraño.

- Los detalles de los objetos les impresionan, sobre todo las ruedas que giran en los carros de juguetes, aunque no logre comprender la forma de funcionar del mismo.

- Es sensible al contacto físico, ruidos fuertes y a la luz.

- Suele ser indiferente al calor o temperatura.

- No participa en actividades en las que hay que imitar o simular.

- Es obsesivo, fuera de lo normal, con ciertos objetos o actividades.

- Presenta preferencias especiales con relación a los alimentos que debe consumir y excluir de su dieta, o no ingerir otros porque no le agrada su textura.

A medida que van madurando, los niños autistas comienzan a socializar con algunas personas y muestran menos alteraciones en sus formas de comportamiento.

Los casos que son menos graves, pueden iniciar un ritmo de vida más normal o casi normal, sin embargo, existe otro grupo que continúa presentado dificultades con el lenguaje y las habilidades para relacionarse.

Causas del autismo

Los trastornos del espectro autista no tienen una causa definida, teniendo en consideración la complejidad del mismo y el hecho de que los síntomas y gravedad varían en cada caso, posiblemente las causas sean muchas, la genética y el medio ambiente no se pueden excluir de ellas.

En relación a la **genética**, al parecer varios genes están asociados al TEA, en algunos casos **pueden** estar ligados a un trastorno genético, como el síndrome de Rett o Cromosoma X frágil.

Los genes **pueden** afectar el desarrollo del cerebro o la forma en la que se comunican las **neuronas** cerebrales, algunas mutaciones son hereditarias y otras se **desarrollan** de manera espontánea.

En cuanto a los **factores** ambientales, en la actualidad muchos investigadores estudian si las **infecciones** virales, medicamentos, complicaciones en el embarazo o **contaminantes** del aire, tienen un papel en el desarrollo del trastorno del **espectro** autista.

¿Cómo convivir con un niño con TEA?

Convivir con un **niño** con diagnóstico TEA no es tarea sencilla, sin embargo, haciendo uso de **las** diferentes herramientas y estrategias, es posible llevar una relación de armonía, empatía y confianza, lo que le hará sentir seguro y amado.

Se puede hacer **uso** de ayudas visuales como calendarios o pictogramas, mantener un ambiente tranquilo y bien estructurado, tener un día a día en orden que le permita **adquirir** un aprendizaje significativo en un ambiente conocido.

Si se va a **realizar** algún cambio en su rutina diaria, anticipárselo, a fin de iniciar un proceso de **adaptación** que no altere su conducta.

Ofrecerle **ayuda** cuando sea necesario, dividiendo tareas complejas en pequeñas **actividades** sencillas para evitarles episodios de frustración.

Es importante **reforzarles** positivamente para fomentar el aprendizaje y la repetición de **conductas** correctas haciendo uso de técnicas de modificación.

No se deben sobre estimular, es necesario darles su espacio para que descansen, de igual forma no hay que sobre proteger, ello les genera independencia para realizar ciertas tareas por sí mismo.

Se puede abrir espacios de motivación con sus propios intereses y gustos, para desarrollar nuevos aprendizajes.

Trabajar la paciencia y la calma para ayudarles a manejar sus emociones, sobre todo las explosiones de rabias y berrinches.

Hay que estar conscientes de que ellos no son culpables de lo que sucede, solo tienen dificultades para manejar y comprender sus emociones, por esa razón, se les debe brindar todo el apoyo posible, para ayudarles a conocerse a sí mismos y a su entorno.

Es fundamental centrarse en el presente, en sus pequeños alcances diarios y felicitarlos por lo que, en medio de su dificultad, pueden lograr, es una forma de mantenerlos motivados, no son diferentes, solo tienen una condición que los hace especiales y únicos.

Dinámicas de grupo para trabajar con niños con autismo

El TEA es un trastorno, que provoca la alteración en la capacidad de los niños para relacionarse e interactuar con los demás, restringiendo de esta manera sus intereses y actividades.

El mismo no tiene cura, sin embargo, con el paso de los años se pueden percibir una mejora considerable en los síntomas, de hecho, se considera que mientras más temprano se inicie el tratamiento, mejor puede ser el pronóstico al ir creciendo.

Por esta razón, los especialistas recomiendan trabajar una serie de actividades y juegos de formación, dirigidos a ellos especialmente para desarrollar sus destrezas, habilidades e incrementar sus capacidades.

Las dinámicas de grupo, constituyen una herramienta efectiva para el logro del objetivo planteado.

DINÁMICAS PARA TRABAJAR EL VOCABULARIO Y ESTRUCTURAS GRAMATICALES INCORRECTAS

1- Juego de letras

Recursos: Cartulina, números en cartón, envase

Duración: 20 minutos aproximadamente

Número de niños: entre 5 y 15

Por lo general, los niños con diagnóstico de TEA presentan dificultad con el vocabulario, ya que el mismo suele ser muy pobre y les impide comunicarse con facilidad.

De igual forma les cuesta comprender el de los demás, sobre todo si se les hace preguntas, se le dan instrucciones o se si se trata de simples bromas.

La dinámica consiste en tomar la cartulina y colocar diferentes letras, a su vez en el envase deben introducirse las letras de cartón, que han de estar preparadas con anterioridad.

Las letras de la cartulina deben coincidir con las que se encuentran en el envase, la dinámica consistirá en que cada uno de los niños encuentren dentro del mismo, las letras que están en la cartulina para hacer que coincidan.

Cada vez que un participante encuentre una letra, debe pronunciarla y repetir el sonido, así sucesivamente hasta que haya ubicado todas las letras en la cartulina y esté familiarizado con las mismas.

2- Busca el tesoro

Recursos: Letras y palabras dibujadas en cartulina

Duración: 20 minutos

Número de niños: entre 5 y 15

La dinámica consiste en dibujar con los niños una cantidad de letras y palabras en cartulina, mientras dibujan y colorean deben pronunciar las mismas, para que el aprendizaje significativo que se desea alcanzar vaya iniciando.

Una vez finalizada esta primera parte, se toman las letras y palabras y se recortan, el líder que lleva adelante la dinámica, se encargará de esconderlas en espacios ideales del lugar en el que se encuentran.

Una vez todas escondidas, indicará a los niños que deben iniciar la búsqueda del tesoro, todos deben comenzar a buscar y al encontrarlas harán saber que han conseguido parte del tesoro.

Ejemplo, si una de las palabras es "mágico", dirán encontré el tesoro "mágico", encontré el tesoro "B", encontré el tesoro "uno", y de esta manera se desarrollará la dinámica hasta encontrar todas las letras y palabras.

Cuando las hayan encontrado e identificado todas, las reunirán y procederán a mencionarlas nuevamente una por una, en voz alta, de esta manera se dará por concluida la dinámica.

El hecho de repetir una y otra vez las palabras, les permitirá memorizarlas y enriquecer su vocabulario.

3- Jugando con números

Recursos: Lápices, marcadores, paletas de madera, botones, cajas de cartón

Duración: 30 a 45 minutos

Número de niños: entre 5 y 15

Para los niños con autismo les resulta muy atractivo poder jugar con números, aunque muchas veces les cueste comprender la lógica con cálculos, les entretiene y atrae alinear objetos o jugar siempre con la misma cantidad.

La dinámica inicia recolectando todos los objetos útiles y sencillos que permiten el desarrollo de la misma, todos han de colocarse en combinación unos con otros.

Una vez ubicados todos los objetos se les solicita a los niños, uno por uno, que tomen una cantidad específica de ellos y los introduzcan en la caja adecuada.

La intención es que los organicen según su clasificación, lápices con lápices, paletas con paletas, marcadores con marcadores, botones con botones.

Al finalizar de organizarlos todos, toman las cajas y comienzan a contar uno por uno, estableciendo diferencias en su forma, color o clase.

4- Escucho y comprendo

Recursos: hoja y papel

Duración: 20 minutos

Número de niños: entre 5 y 15

Uno de los grandes conflictos de un niño con autismo es el **poder** relacionarse con los demás a través de un proceso comunicativo, la mayoría suele ignorar las conversaciones, instrucciones y preguntas, bien sea porque no logran comprender o por falta de interés.

Este es uno de los aspectos que amerita mayor atención, ya que de él dependerá en gran manera su comunicación e independencia en su entorno.

La dinámica consiste en llamar la atención del niño, ya sea tocándole o llamándole por su nombre.

El objetivo es que el niño pueda familiarizarse con el prestar atención cada vez que se le hace un llamado.

Esto puede repetirse en varias ocasiones, luego se inicia la transmisión de un mensaje, despacio y de manera clara.

Ejemplo, toma el lápiz, y después que lo tengas en la mano, escribe en tu hoja tu nombre.

Una vez que todos lo hayan hecho, se procede entonces a formular oraciones más estructuradas, utilizando para ello parafraseo y redundancia, al culminar se le pregunta si comprendió el mensaje y se le solicita que lo reproduzca.

Esta acción reforzará el aprendizaje y le ayudará a desarrollar su capacidad de atención cuando se le llame o se le de alguna instrucción.

DINÁMICAS DE GRUPO PARA TRABAJAR LAS EMOCIONES

5- ¿Qué emoción es?

Recursos: pictogramas o tarjetas con diferentes gestos de emociones

Duración: 40 minutos

Número de niños: entre 5 y 15

Los niños con TEA suelen presentar dificultad para expresar emociones así como para recibirlas del otro, por esta razón, se hace necesario incorporar ciertas actividades que les ayuden a reconocerlas y manejarlas.

La persona que lleva adelante el liderazgo del grupo, se colocará frente a cada niño con una tarjeta que identifique una emoción, alegría, tristeza, enojo, ira, entre otras.

Cada vez que se le coloque al frente una emoción se explicará cuál es, a fin de que el niño la reconozca y la comprenda la observar la imagen.

Es importante describirla detalladamente, así como sus rasgos faciales, cuando ya se les hayan mostrado todas entonces se invertirán los papeles.

Será el niño en encargado de tomar las tarjetas, mostrarlas y explicar con cuál emoción está relacionada cada una.

Para finalizar, se hace uso nuevamente del pictograma o las tarjetas, se muestra una a una sin emitir palabra con la finalidad de que el niño sea el que las identifique y las llame por su nombre.

6- ¿Cómo me siento?

Recursos: pictogramas o tarjetas con dibujos de emociones

Duración: 30 minutos

Número de niños: entre 5 y 15

La dinámica consiste en contar a los niños un acontecimiento que haya despertado alguna emoción, amor, tristeza, alegría, rabia, ira, entre otras.

Luego se les solicitará la intervención de algunos de ellos, en la que también puedan expresar alguna experiencia donde hayan experimentado emociones.

Cuando todos completen su participación, se toma el pictograma y se comienza a relacionar cada imagen con las emociones expuestas.

El primero en participar será el líder grupo, buscando la imagen que represente lo que él contó.

Así se dará lugar a la participación de cada uno de los que se expresaron para que con el pictograma identifiquen qué fue lo que sintieron en la acción que narraron.

Esta actividad les ayudará a reconocer qué es lo que sienten en determinado momento que tanto les cuesta comprender.

7- Construimos un semáforo

Recursos: cartulina negra, tijera, marcadores, pega, cinta plástica

Duración: 30 minutos

Número de niños: entre 5 y 15

Sobre la cartulina negra se colocará un círculo rojo, uno amarillo y uno verde, también se realizará una cruz negra con cinta plástica en la parte de atrás que permita pegarla en el momento que se requiera, según el estado de ánimo de cada niño.

El semáforo les permitirá identificar cómo se sienten en determinado momento, luego se procederá a explicarles el significado de cada color, el rojo representa parar, cuando no pueda parar o controlar las emociones.

El amarillo, es el momento en el que se debe tomar consciencia de que es momento de pensar y recapacitar sobre lo que está sucediendo y le ha llevado a detenerse en el color rojo.

El verde representa el momento de buscar la solución que se ofrece, por lo que es el momento de reflexionar.

Se les narra una historia a los niños en el que estén presentes diferentes emociones y luego se les solicita que coloquen la flecha negra en el color que consideren debe estar, por lo que la experiencia les hace sentir.

Una vez colocado sus flechas, se les habla acerca de la importancia de aprender a detenerse en el color rojo para pensar en las posibles soluciones que se pueden dar a las diferentes situaciones que se presentan en el día a día.

8- Leemos un cuento

Recursos: cuento

Duración: 30 minutos

Número de niños: entre 5 y 15

Esta dinámica es muy sencilla, consiste en leer un cuento al grupo de niños en el que se encuentren presentes diferentes emociones, los mismos deberán escuchar con atención para que no se les escape ningún detalle.

Cuando finalice la lectura, se abrirá un espacio de preguntas y respuesta en la que los niños podrán participar y explicar lo que entendieron explicando las emociones que lograron identificar.

Además, tendrán la posibilidad de ponerse en el lugar del otro, esto es de suma importancia porque comprenderán que los demás también están en la capacidad de expresar y recibir emociones.

Para concluir la dinámica se les hace una pequeña y sencilla reflexión en la que pueden concebir que las emociones son naturales en el ser humano, y que por esta razón se necesita aprender de ellas en sí mismo y en los demás para una mejor convivencia.

DINÁMICAS DE GRUPO PARA TRABAJAR LAS HABILIDADES SOCIALES

9- Escondidos

Recursos: silbato

Duración: 30 minutos

Número de niños: entre 5 y 15

Los niños con diagnóstico de TEA presentan un gran conflicto a la hora de establecer relaciones interpersonales con el otro, por lo general, siempre están aislados y no es porque quieran, sino porque incluirse en ciertas actividades les genera estrés por carecer de herramientas.

Se selecciona un niño que pueda contar mientras los demás encuentran un lugar donde esconderse.

Cuando todos estén ubicados y seguros, el niño que cuenta les dirá "voy por ti," y comenzará la búsqueda.

La idea es que todos logren despistar al que los busca para que puedan llegar a casa salvos, si el niño que hace la búsqueda los encuentra antes de que puedan llegar a casa, entonces estos perderán y se irán retirando del juego.

La ideal es que entre todos puedan encontrar la forma de salvarse antes de ser encontrados.

Muchos de ellos conocerán el escondite del otro, por lo que podrán alertarlos con el silbato si ven al niño que busca cerca.

El poder contribuir a la protección unos con los otros, fomentará el compañerismo y la socialización con sus iguales.

10- Pilla pilla

Recursos: letras y palabras dibujadas en cartulina

Duración: 20 minutos

Número de niños: entre 5 y 15

Se debe delimitar un espacio que será para la protección de los niños, ese será su lugar seguro y nadie podrá tocarlos.

Se seleccionará un niño que seré el encargado de perseguirlos por todos los espacios hasta poder atraparlos.

El resto de los niños podrá desplazarse con toda libertad en el área destinada para la dinámica, pero solo en el espacio delimitado estará protegido.

Inicia la dinámica y todos tendrán que moverse esquivando al niño que desea tocarlo, si este lo logra el niño tocado tomará su lugar y comenzará a perseguir al resto.

Si, por el contrario, no logra hacer contacto y el otro entra en la zona delimitada, estará a salvo.

Se repetirá esta acción por un pequeño espacio de tiempo hasta que todos hayan entrado en confianza y entre gritos y risas puedan comprender que el relacionarse con los demás es una necesidad fundamental del ser humano en el día a día.

11- El pañuelo

Recursos: un pañuelo

Duración: 30 minutos

Número de niños: entre 5 y 15

Se divide el grupo de niños en dos equipos, se selecciona uno que será el encargado de llevar al frente la dinámica.

Se dibuja una línea en el centro del espacio, y de lado a lado estarán ubicados los equipos.

Cada integrante tendrá uno número diferente que lo identifique, el niño que lleve adelante la dinámica, se ubicará justamente encima de la línea con un pañuelo en mano y mencionará un número en voz alta, los que lo tengan en los diferentes equipos correrán, el primero en tomar en pañuelo será el ganador y sumará puntos para su grupo.

El equipo que logre mayor cantidad de aciertos será el ganador, el énfasis se hará en la importancia del trabajo en conjunto para alcanzar resultados positivos y socializar con sus iguales.

12- El lobo y las ovejas

Recursos: pañuelos de colores

Duración: 20 minutos

Número de niños: entre 5 y 15

Se toma un espacio y se delimita, el mismo será el lugar de protección de cada uno de los niños que participan en la dinámica.

Un niño será el encargado de representar al lobo y el resto a las ovejas, las ovejas estarán seguras en su lugar de protección, pero si llegasen a ser encontradas por el lobo y no hay quien le ayude quedará fuera del juego.

Sin embargo, ellas estarán identificadas con pañuelos de color, dos rojas, dos verdes, dos azules y así sucesivamente, si el lobo llegase a atrapar alguna y su compañera de color sale en su auxilio, el lobo deberá soltarla y dejarla ir.

Así se desarrollará la dinámica hasta que el lobo venza a las ovejas o las ovejas venzan al lobo.

El objetivo principal es fomentar el trabajo en equipo y la importancia de reforzar la interrelación con los iguales.

Independientemente de las circunstancias los seres humanos no son seres aislados y requieren del apoyo y compañerismo de los otros.

DINÁMICAS DE GRUPO PARA TRABAJAR LA CAPACIDAD DE INTERPRETACIÓN DEL LENGUAJE NO VERBAL

Una de las características de los niños con autismo, es su incapacidad para comprender las expresiones no verbales.

Resulta un arduo trabajo el que puedan comprender alguna información si esta no se explica de manera literal y detallada.

13- Adivina el gesto

Duración: 30 minutos

Número de niños: entre 5 y 15

Se hace un círculo grande con todos los niños que participan en la dinámica, se da inicio a la misma libremente haciendo expresiones con ciertos gestos, que a la vez se van mostrando en el pictograma, explicándoles lo que se quiere decir con cada uno y por qué muchas veces se hace uso de ellos en el proceso comunicativo.

Luego se comienza a contar una experiencia, haciendo uso de ellos nuevamente, pero en esta oportunidad se les pide que sean ellos los que los identifiquen.

Ahora se le da lugar a la participación de cada uno de los niños, se les pide que expresen alguna acción, sentimiento u emoción, sin utilizar palabras y el resto debe adivinar.

De esta forma se repetirá la acción hasta que todos estén familiarizados con la dinámica y en la capacidad de comprender lo que se les desea expresar.

Esta actividad ayuda al desarrollo del pensamiento del niño, permitiéndole comprender que existen muchas formas de expresión y que a todas hay que abrirse, ya que contribuyen a mejorar las relaciones interpersonales con el entorno en el día a día.

No se trata de un lenguaje extraño o desconocido, sino diferente, del cual también se aprende y se enriquece el vocabulario.

14- Observando aprendo

Recursos: lámina de papel bond, marcadores

Duración: 30 minutos

Número de niños: entre 5 y 15

Se invita a los niños a sentarse en pareja, a su vez se les entrega marcadores y papel bond.

Cuando todos estén organizados se inicia la lectura de una historia, la misma estará llena de emociones que serán representadas por la persona que lee.

Los niños escucharán con atención y tendrán la tarea de dibujar cada gesto que exprese la persona que lee y los que ellos consideran aparecen en la historia mientras escuchan hasta el final.

Al concluir cada pareja tomará la palabra para realizar una síntesis de lo comprendido y harán énfasis en cada uno de esos gestos que escucharon, observaron y que pudieron dibujar, explicando a la vez el significado de cada uno.

Con esta dinámica se pretende que el niño con TEA pueda abrirse a este tipo de comunicación adquiriendo herramientas que le permitirán un mejor desarrollo en su entorno.

15- Representa la imagen

Recursos: tarjetas o pictogramas

Duración: 400 minutos

Número de niños: entre 5 y 15

Se iniciará la dinámica hablando de la comunicación no verbal y la importancia de su comprensión para una óptima convivencia.

Luego se tomarán las tarjetas y se les mostrará las imágenes allí representadas explicando el significado de cada una.

Una vez todos tengan la información clara, se procederá a entregar una tarjeta a cada uno y les pedirá que representen la imagen que les ha tocado.

Mientras ellos van representando, el resto el grupo tiene la tarea de adivinar el gesto que el otro hace y explicar lo que el mismo desea transmitir.

Todos tendrán la posibilidad de participar, lo que permitirá una mayor comprensión de la dinámica y lo que se desea transmitir, contribuyendo de esta forma al desarrollo de la capacidad en los niños con TEA de entender esta forma de lenguaje.

16 - ¿Qué quiero decir?

Recursos: lápiz y papel

Duración: 30 minutos

Número de niños: entre 5 y 15

Con esta actividad el niño tendrá la posibilidad, a través de una observación clara de comprender la información expresada mediante el **lenguaje no verbal.**

Los niños se colocarán por parejas y se les entregará un papel con un mensaje, el cual ellos deberán conversar entre ellos, interpretar y escribir en su hoja.

Una vez hayan concluido esta primera parte, tendrán la posibilidad de expresar la información asignada al resto del grupo a través de gestos y señales.

Todos podrán participar, tanto en la trasmisión de su mensaje, con en el adivinar el mensaje del resto.

Se trata de una dinámica muy práctica que permite comprender las diferentes formas de comunicación sin necesidad de emitir palabras.

Aplicando estas dinámicas el niño con TEA irá madurando y cuando se encuentre en una situación que amerite su atención, se abrirá a recibir lo que se le desea expresar.

DINÁMICAS DE GRUPO PARA TRABAJAR LA MOTRICIDAD

17- Equilibrio

Recursos: pábilo o estambre

Duración: 20 minutos

Número de niños: entre 5 y 15

Las actividades para el desarrollo de la motricidad tanto fina como gruesa es fundamental en los niños con TEA.

Por lo general, les cuesta realizar ese tipo de ejercicios que implican actividad física, lo que puede generarles un sentimiento de frustración e incapacidad.

La dinámica del equilibrio consiste en dividir al grupo en dos equipos, con el estambre o el pábilo se coloca una línea en el suelo.

Cada grupo estará de punta a punta, uno por uno tendrá la posibilidad de pasar al lado contrario, por encima del pábilo, haciendo equilibrio, al llegar se le estará esperando con una pregunta de rutina, deporte, educación, moda, cocina, entre otros.

De responder correctamente sumará puntos a su equipo, el que sume más será el ganador.

Su participación activa permitirá mejorar las habilidades del niño con TEA en relación a su motricidad.

18- Agarra el balón y responde la pregunta

Recursos: pelota

Duración: 30 minutos

Número de niños: entre 5 y 15

Los niños se colocarán en círculo e iniciarán una conversación dirigida, pero natural acerca de un tema en específico que sea de interés de todos.

Al concluir se abrirá un espacio de preguntas y respuestas en el que todos podrán participar.

La dinámica consiste en comenzar a pasar la pelota uno por uno, cada quien puede lanzarla si desea al compañero que desee.

Al escuchar, de la voz de la persona que está a cargo del grupo "agarra la pelota y responde la pregunta," la pelota debe quedar en las manos que estaba al escuchar la orden.

Se procederá a realizar una pregunta, en relación al tema de conversación de inicio que el niño deberá responder.

Una vez todos hayan participado, se hace el cierre, haciendo énfasis en la importancia de cultivar las actividades físicas para un mejor desarrollo.

19- Salta mientras puedas

Recursos: cinta de color

Duración: 30 minutos

Número de niños: entre 5 y 15

Los niños se colocarán en parejas y en su mano usarán una cinta de color que los identifique, es decir, una pareja de color rojo, otra verde, otra azul, y así sucesivamente.

Uno de los niños se colocará al extremo del espacio en el que se encuentren contra la pared, el resto de los niños estará al otro extremo.

Cuando el niño que se encuentra contra la pared comience a contar, todos rápidamente deberán avanzar, lo más que puedan.

Al éste voltearse todos deben quedar inmóviles, el niño que cuenta se colocará al frente y tratará de hacerlos mover, si lo logra perderán y deberán retirarse.

Sin embargo, como están identificados por parejas, el otro niño que quede del mismo color continuará el juego, y de lograr llegar a la meta el triunfo será de ambos.

Si, por el contrario, los dos quedaran eliminados, entonces sí deben retirarse del juego. Ganará el niño o la pareja que logre llegar al frente tras cada conteo realizado.

Esta actividad, al igual que las anteriores es ideal, en su práctica para el mejoramiento de la motricidad en los niños con TEA.

20- El avión va a aterrizar

Recursos: solo los niños

Duración: 20 minutos

Número de niños: entre 5 y 15

El reto de simulación es un caso considerable en los niños con autismo, ya que pueden beneficiarse de los movimientos mientras su imaginación también está en marcha.

El grupo de niños se ubicará en el lugar que deseen, la dinámica consistirá en que deberán comenzar a simular, con sus brazos abiertos que el avión vuela por todo el espacio.

Cuando escuchen, de la voz de la persona que lleva adelante la dinámica: "el avión va a aterrizar," deben bajar sus alas y quedarse inmóviles.

El que dio la voz de alto, se colocará al frente con la finalidad de hacerles mover, a fin de que pierdan.

El niño que logre permanecer inmóvil continuará activo en la actividad, el que se movió, no saldrá del espacio, sino que quedará, en el mismo lugar, hasta que la actividad haya concluido.

Con cada niño inmóvil, para el que se encuentra en movimiento le será más complejo desenvolverse con libertad y brazos abiertos en el lugar.

Ello contribuirá a perfeccionar los mismos, desarrollado de esta forma sus habilidades motoras.

Dinámicas de grupo para trabajar la resistencia a los cambios

21- Cambio de lugar

Recursos: cuento

Duración: 20 minutos

Número de niños: entre 5 y 15

Los niños diagnosticados con autismo suelen llevar una rutina bastante rígida, por lo que muchas veces suelen resistirse a los cambios.

Les encanta seguir cada día las mismas actividades y se enojan con gran facilidad si se les hace alguna señal diferente, sin haberlo anticipado.

Los niños estarán sentados cada uno en una silla, la persona encargada de llevar adelante la dinámica iniciará una lectura y explicará que cada vez que haga una pausa, ellos deberán ponerse en pie y cambiarse de silla.

Así iniciarán la actividad, comienza la lectura y todos escuchan atentos, al quedar todo en silencio, se levantarán y harán cambio de silla el uno con el otro.

No necesariamente debe sentarse en la silla del lado, puede ser la de atrás o la de al frente, cuando se retome la lectura todos deberán estar ubicados.

De quedar alguno de pie, perderá el juego y deberá retirarse, ganará el que logre finalizar sentado.

Es posible que al inicio el niño con TEA pueda sentir un poco de confusión, pero al familiarizarse con la actividad podrá comprender que los cambios forman parte del día a día.

22- Busca el objeto

Recursos: botones, lápices, marcadores, libros

Duración: 30 - 40 minutos

Número de niños: entre 5 y 15

Se toman diferentes objetos y se colocan en espacios separados, los niños deberán observar bien cada uno y el lugar donde se ubican.

Luego se colocan en círculo y comienzan a cantar y a jugar entre ellos como deseen, mientras la persona que los dirige cambia los objetos de lugar.

Transcurrido un corto tiempo les indicará "vamos a buscar los lápices," la primera acción será dirigirse al lugar principal en el que habían sido guardados.

Al no encontrarlos ahí, tendrán el reto de revisar todos los espacios hasta dar con los mismos.

Se colocan nuevamente en círculo e inician un tiempo libre, donde los objetos serán cambiados nuevamente, al volver a escuchar "vamos a buscar los botones," iniciarán nuevamente la búsqueda, pero esta vez comprenderán que posiblemente los objetos estén en otro lugar y buscarán poco a poco.

Así se desarrollará la actividad hasta dar con todos los objetos guardados, la idea es hacer énfasis en los cambios y las rutinas diarias a fin de que puedan ir comprendiendo que los mismos forman parte natural del diario vivir.

23- Cambia el mensaje

Recursos: solo los niños

Duración: 30 minutos

Número de niños: entre 5 y 15

Los niños conformarán dos filas, una al lado de la otra, la persona que los dirige procederá a dar una información en el oído a los primeros de cada fila e indicará de deben trasmitirlo al resto, pero con palabras propias.

Inicia la dinámica y uno por uno va pasando su mensaje, primero lo dirá en voz alta y luego procederá a hacer los cambios, pero sin cambiar la intención del mismo.

Así podrán todos participar todos siguiendo la misma línea, la idea es que mientras escuchan puedan ir formulando los posibles cambios que les corresponde con relación al mensaje.

Al terminar, tendrán la tarea de verificar si lo que expresaron, realmente guarda la esencia del primer mensaje dado.

Se abrirá un espacio en el que puedan exponer qué les generó el pensar en la transformación que debían hacer y si les costó mucho trabajo.

Haciendo hincapié en la importancia de adaptarse a todas aquellas situaciones que se presentan en la rutina diaria alterando muchas veces las tareas planificadas.

24- Tiempo fuera

Recursos: solo los niños

Duración: 30 – 40 minutos

Número de niños: entre 5 y 15

Los niños deberán conformar pequeños grupos de tres a cuatro personas, uno de ellos estará encargado de realizar una lectura, mientras los demás escuchan atentamente.

La dinámica consistirá en que mientras leen, se dará ciertos espacios para realizar cambios.

Cuando la persona encargada de llevar al frente la dinámica diga "tiempo fuera", rápidamente, el niño que está leyendo debe cambiar de grupo e iniciar su lectura nuevamente.

Así lo harán sucesivamente hasta que todos los niños se hayan rotado por los diferentes grupos.

Puede también, realizarse cambios entre los niños que hacen la lectura, a fin de dar oportunidad a todos para que participen.

Será una experiencia divertida y seguro mientras aprenden, podrán ir comprendiendo que los cambios, por muy pequeños que puedan parecer, están presentes en cada rutina y la mejor manera de adaptarse a ellos es reconociéndolos y aceptándolos.

DINÁMICAS DE GRUPO PARA TRABAJAR LA RIGIDEZ

25- Brinca la cuerda y recupera el objeto

Recursos: cuerdas, objetos puede ser lápices, botones, adornos, otros

Duración: 30 minutos

Número de niños: entre 5 y 15

Generalmente los niños con TEA suelen tener un comportamiento muy rígido en su lenguaje corporal, por lo que muchas veces son considerados raros.

No es anormal, es su forma de ser, pero el poder mostrarles que existen diferentes formas de expresión, los puede ayudar a comprender más su entorno y a hacer ciertas modificaciones en la forma en las que ellos también se expresan corporalmente.

La persona encargada de desarrollar la dinámica distribuirá el espacio para que la misma pueda desarrollarse asertivamente y de manera correcta.

En espacios específicos colocará todos los objetos que puedan ser utilizados, se sugiere utilizar esquinas y centros. La cuerda estará en el centro del lugar.

Luego, invitará a los niños a conformar dos grupos, estos estarán entretenidos juagando, cantando, riendo, al escuchar "brinca la cuerda y recupera el objeto," deberán salir corriendo hacia donde está la cuerda, el primero en tomarla, saltando con ella, se dirigirá a uno de los espacios y recuperará el objeto que ahí se encuentre, trayéndolo a su grupo.

La dinámica se repetirá, las veces que sea necesario y sean recuperados todos los objetos, el equipo que mayor número tenga, será el ganador.

Mientras la misma se desarrolla, unos gritarán, otros brincarán, otros reirán, al finalizar se debe hacer referencia a que todas las acciones desarrolladas corporalmente también forman parte importante en la forma en que el ser humano se comunica y trasmite emociones.

26- Cambio de pareja

Recursos: reproductor de música

Duración: 30 minutos

Número de niños: entre 5 y 15

El baile es una de las formas de expresión corporal más conocidas, además de ser una forma de liberar estrés y agotamiento por alguna rutina.

Los niños se colocarán en parejas para bailar, quizá muchos no sean dados al baile, sin embargo, la música utilizada deberá ser aquella que les permita desplazarse y hacer movimientos en libertad.

Sonará durante algunos minutos y luego se indicará que deben hacer cambio de pareja.

Se ubicarán con su nueva pareja y comenzarán nuevamente a bailar, así se hará durante un espacio de tiempo que resulte de gran entretenimiento para ellos.

Para finalizar la dinámica harán un gran círculo en el que todos podrán realizar movimientos libres, mientras la música continúa sonando.

Se les habla de lo divertido que es poder expresarse corporalmente y si ellos desean expresar cómo se sintieron se abre un espacio para la participación.

27- Color - color

Recursos: tarjetas y tizas de color

Duración: 30 minutos

Número de niños: entre 5 y 15

Se selecciona un espacio del lugar en que se encuentran, con las tizas de colores dibujarán un tablero en el suelo.

Los niños se colocarán alrededor de él, la persona que dirige la dinámica se encontrará al frente con las tarjetas de color en sus manos.

Indicará a los niños que se realizarán una serie de preguntas, el que desee responder deberá pasar al tablero y ubicarse en el color que se indique al mostrar el color de la tarjeta.

Ejemplo, si se saca una tarjeta azul, el niño deberá colocarse en el tablero en el color azul para responder.

Su respuesta deberá ir acompañada de una emoción o acción, risas, cantos, saltos, abrazos, manos arriba, lo que el niño desee.

Cuando todos hayan participado se dará por concluida la dinámica recopilando sus experiencias y el cómo se sintieron mientras se expresaban haciendo uso del lenguaje corporal, recordando la importancia del mismo en cada proceso comunicativo.

28- Cuenta el chiste

Recursos: solo los niños

Duración: 30 minutos

Número de niños: entre 5 y 15

Se indicará a los niños que se sienten en círculo, la persona que dirige la dinámica comenzará, para ejemplificar, a contar un chiste entre muchas risas.

Luego, se les dará las instrucciones, durante unos cuantos minutos deben pensar en alguna acción, hecho o chiste que les cause mucha gracia, si desean pueden ayudarse entre en ellos.

Al iniciar la dinámica se dará la oportunidad de que pasen al frente a contar lo que cada uno planificó, en su relato deben incorporar la risa, de la forma en que ellos quieran.

Generalmente la risa es contagiosa, por lo que es probable que alguno ni siquiera pueda hablar mientras ríe y contagia a los demás.

Cuando haya pasado un tiempo prudencial, su director tomará la palabra para finalizar, no sin antes escuchar qué tan divertida fue la experiencia, en la que seguramente la rigidez tuvo que hacerse a un lado.

DINÁMICAS DE GRUPO PARA TRABAJAR LA COMUNICACIÓN VERBAL

29- Yo hablo, tu explicas

Recursos: lápiz y papel

Duración: 30 minutos

Número de niños: entre 5 y 15

Los niños con TEA son muy callados y reservados, les cuesta mucho trabajo poder establecer relaciones comunicativas con el otro.

No se trata de no querer, sino de una falta de herramientas y estrategias que le contribuyan a forjar relaciones y expresarse libremente.

La persona que dirige la dinámica indicará a los niños que deben colocarse en parejas.

Ellos deberán seleccionar un tema de conversación que les resulte agradable y ameno, los dos tienen que conocer acerca del mismo para que pueden tener una participación asertiva, si desean pueden escribir algunos elementos importantes.

Una vez estén de acuerdo, pasarán al frente a hablar al resto de los niños acerca de su tema de interés.

Uno será el encargado de hablar o leer y luego el otro explicará con palabras propias y diferentes lo que ambos de desean trasmitir.

Es una manera oportuna para que el niño con TEA pueda participar y abrirse a expresarse verbalmente, ya que ello ayudará a un mejor desarrollo en su entorno, mejorando de esta forma las relaciones interpersonales.

30- Síguela

Recursos: solo los niños

Duración: 30 minutos

Número de niños: entre 5 y 15

Los niños deberán colocarse en círculo, la persona que dirige la dinámica dará un mensaje en el oído de cada niño y este a su vez deberá reproducirlo a su compañero.

El mensaje debe pasar por todos, cada uno tendrá la oportunidad de escuchar y estructurar el mismo de la manera en que lo haya comprendido.

Uno a uno irá pasando la información hasta que la misma llegue nuevamente al inicio.

El último en recibirlo deberá decirlo en voz alta a fin de verificar que llegó exactamente como salió.

Es posible que haya sufrido algunas modificaciones, sin embargo, la importancia radica en que el niño con TEA tendrá la oportunidad no solo de estructurarlo, sino también de expresarlo verbalmente, enriqueciendo de esta manera su forma de comunicación verbal.

31- Repite el mensaje

Recursos: solo los niños

Duración: 30 minutos

Número de niños: entre 5 y 15

El grupo será organizado por parejas, un niño debe colocarse frente al otro, guardando una distancia prudencial.

El líder del grupo les pasará un mensaje escrito en un papel, solo uno de los integrantes de la pareja lo recibirá y será el encargado de leer.

Procederá a leérselo al otro compañero en un tono de voz suave, de manera que este se esfuerce por escucharlo y pueda repetirlo.

Al finalizar su participación dará lugar a la participación del otro niño, quien deberá repetir el mensaje que se expresó con palabras propias.

Luego intercambiarán los papeles, el que primero había escuchado será el encargado de leer en mensaje y el otro deberá reproducirlo, de esta forma todos habrán participado y utilizado en lenguaje oral como medio de expresión.

32- Llegó una carta

Recursos: hoja y lápiz, caja de cartón

Duración: 30 minutos

Número de niños: entre 5 y 15

Todos los niños estarán sentados con su lápiz y papel, el encargado de llevar adelante la dinámica les indicará que deben escribir una carta a otro de los integrantes del grupo con el que mejor relación tengan.

Una vez que hayan concluido todas serán colocadas en la caja de cartón, los niños se ubicarán sentados en un círculo y la caja en el centro.

La persona que dirige la dinámica se pondrá en medio del círculo e indicará que llegó una carta.

Seleccionará a uno de los niños y lo pasará al frente, el mismo será el encargado de tomar una de las cartas y leerla en voz alta a la persona a la que esté dedicada la misma.

Al concluir volverá nuevamente a su espacio, así se hará sucesivamente hasta que todos hayan participado y expresado verbalmente.

Este tipo de actividades enriquecen el vocabulario de los mismos, brindándole herramientas que les permitan establecer situaciones comunicativas con los demás.

DINÁMICAS DE GRUPO PARA TRABAJAR LA CONFIANZA

33- Creo un cuento

Recursos: hojas, lápices, colores, marcadores, pega

Duración: 30 – 40 minutos

Número de niños: entre 5 y 15

Los niños que son diagnosticados con TEA por lo general, son muy inseguros, ello trae como consecuencia que se les dificulte establecer relaciones de confianza y empatía con los demás.

Sin embargo, brindándole las herramientas necesarias, pueden abrirse a una mejor relación de confianza con los otros, mejorando sus relaciones interpersonales.

El responsable de desarrollar la dinámica, colocará a los niños en pareja e indicará que deben escribir un cuento, el mismo deberá ser creado por ellos mismos, por lo que antes de comenzar a escribir deberán intercambiar cierta información relacionada a los gustos de cada uno.

Al compartir y conocer sus intereses personales tendrán mayor oportunidad de encontrar elementos semejantes en la redacción de su cuento.

Al finalizar, pasarán al frente del grupo y explicarán el proceso para la creación de su cuento y con palabras propias de qué trata el mismo.

Como se trata de un tema de interés común, ambos podrán participar sin necesidad de leer.

Se fomentará así la necesidad de compartir en empatía y confianza con el otro, para el logro de ciertos objetivos.

34- La telaraña

Recursos: pábilo o estambre

Duración: 30 minutos

Número de niños: entre 5 y 15

Los niños deberán sentarse en círculo, con el rollo de estambre o pábilo en mano de la persona que dirige la dinámica, la cual será la encargada de iniciar.

Ésta toma el rollo en su mano y dice, su nombre, algo que le guste, toma la punta y lanza el rollo a uno de niños sentados en el grupo.

Ejemplo, mi nombre es María y me gusta bailar, el niño que tome el rollo en su mano, seguirá la ronda, dirá su nombre, algo que le guste, toma la punta y lanzará el rollo a otro participante.

Así se repetirá la dinámica hasta que todos hayan participado, al concluir podrá notarse que mientras pasaban el pábilo o estambre de lado y lado, se formó una gran telaraña.

Se explicará a los niños el significado de la misma, en ocasiones el ser humano fomenta relaciones que son como una telaraña, muy unida y difícil de deshacer.

Ese tipo de relaciones no son negativas, por el contrario, el poder relacionarse con confianza y unidad con el otro, trae grandes beneficios al desarrollo de la personalidad, así como un mejor desenvolvimiento en las diferentes tareas por hacer en el día a día.

35- Tomados de la mano

Recursos: objetos, lápices, marcadores, juguetes, otros

Duración: 30 minutos

Número de niños: entre 5 y 15

Los objetos que se tengan a la mano serán distribuidos en todo el espacio en el que se encuentren realizando la dinámica, lápices, marcadores, juguetes, otros.

Luego, todos los niños serán colocados en pareja, el trabajo a realizar deben hacerlo juntos, tomados de la mano.

Ellos se colocarán en un extremo del salón o lugar, al otro extremo, al llegar a la pared, será la meta.

Juntos deberán cruzar de un lugar a otro, recogiendo todos los obstáculos que le impidan desplazarse, pero ello, deben hacerlo tomados de la mano, bajo ningún concepto se pueden soltar, si lo hacen quedan descalificados y salen del juego.

La primera pareja en llegar será la ganadora, para finalizar, se les explicará la importancia de tener confianza en el otro para manejar ciertas situaciones y se podrá abrir un espacio de interacción, en el que puedan expresar cómo se sintieron y qué piensan de trabajar en equipo depositando su confianza en la persona que le acompaña.

36- Hacemos collares

Recursos: papel cebolla o crepe, pega, tijera

Duración: 30 minutos

Número de niños: entre 5 y 15

La persona que dirige al grupo indicará a los niños que deberán colocarse en parejas, se les entregará un pliego de papel cebolla o crepe, tijera y pega.

Juntos procederán a cortar el papel en tiras pequeñas para luego, con los dedos hacer pequeñas bolitas.

Una vez tengan todas bolitas procederán a armar un collar, pegando cada una de las bolitas y haciendo un cierre al final.

Durante el desarrollo de la actividad, ambos deben trabajar en equipo para ir formando el collar que se les pida, uno recorta, el otro hace las bolitas y entre los dos finalizan la misma.

La idea es que puedan comprender la importancia del trabajo, no solo en equipo, sino también en confianza, de otra forma sería muy difícil alcanzar el objetivo propuesto.

DINÁMICAS DE GRUPO PARA ESTIMULAR LAS ACTIVIDADES DE SIMULACIÓN E IMITACIÓN

37- El espejo

Recursos: solo los niños

Duración: 30 minutos

Número de niños: entre 5 y 15

Los niños TEA presentan gran dificultad para participar en aquellas actividades en las que tienen que hacer alguna representación.

Sin embargo, haciendo uso correcto de las diferentes dinámicas, el mismo puede aprender estrategias que contribuyan a su integración, mejorando de esta forma sus relaciones personales.

Los niños deberán colocarse en parejas, uno se colocará al frente del otro y deberá comenzar a realizar una serie de gestos y señas que el niño que observa deberá imitar.

Pueden cambiar el turno, como también pueden cambiar de pareja, el nivel de juego irá avanzando a medida que los gestos y señas vayan tomando otro nivel de complejidad.

El objetivo es que todos puedan participar y que puedan familiarizarse con este tipo de dinámicas que muy a menudo se hacen presentes día a día.

Las actividades de simulación e imitación, no solo contribuyen a la diversión, sino que es una estrategia muy utilizada en diferentes contenidos en proceso de enseñanza aprendizaje.

38- Adivina el mensaje

Recursos: lápiz y papel

Duración: 30 minutos

Número de niños: entre 5 y 15

La persona que dirige la dinámica, dividirá a los participantes en pequeños grupos y entregará a cada uno una hoja y un papel.

Luego pasará uno por uno y les dirá un mensaje que ellos deberán apuntar, una vez con la información definida, los niños seleccionarán a un integrante, el cual será el encargado de trasmitir en mensaje a los otros niños, pero sin utilizar palabras.

Al pasar éste al frente tratará por todos los medios de explicar el mensaje asignado al grupo a través de gestos y señales.

Todos podrán participar hasta que logren comprender la información que se desea explicar.

Una vez hayan descifrado la misma, éste tomará su lugar y pasará el otro equipo a realizar su presentación.

Cuando todos participado estén listos, se abrirá un espacio en el cual se explique la importancia de este tipo de actividades, para aprender a manifestar y expresar haciendo uso de la representación.

39- Representa el personaje u objeto

Recursos: solo los niños

Duración: 30 minutos

Número de niños: entre 5 y 15

Todos los niños deberán hacer un gran círculo, durante unos pocos minutos tendrán la oportunidad de hablar temas de interés, juguetes, películas, comiquitas, comidas, otros.

Trascurrido el tiempo, se seleccionarán algunos y estos, en función de los temas conversados comenzarán a imitar o representar personajes.

Pueden dar solo pistas, sin hacer mención a la persona o cosa en específico, todos podrán participar, mientras intentan adivinar quién o qué es lo que se está representando.

Luego se dará la oportunidad a otro de los niños y así sucesivamente, hasta que estén familiarizados con la acción de simular o representar.

Los niños con TEA son muy inteligentes y a través de la repetición de las actividades pueden alcanzar un aprendizaje significativo.

40- Mimos

Recursos: solo los niños

Duración: 30 minutos

Número de niños: entre 5 y 15

La persona que dirige el grupo, explicará que realizarán una actividad de mimos, para ello dividirá al mismos en pequeños equipos.

Juntos crearán varias situaciones, puede ser real o imaginaria, ésta será luego representada por ellos mismos a través de los mimos.

Se debe procurar que las mismas, sean de amor, amistad, salud, suspenso, tristeza, otras, la intención es que mientras representan puedan para un momento ameno y divertido.

Los niños deberán reunirse entre sí y escoger quiénes serán los encargados de hacer las representaciones.

Cuando todos estén de acuerdo, se dará entonces lugar a realizar las simulaciones, mientras hacen la participación, los otros niños intervendrán identificando cuál fue aquel hecho que crearon y que sus compañeros están representando.

Este tipo de dinámicas para niños con TEA son de gran relevancia, todas y cada una son enfocadas a intentar resolver problemáticas diferentes, sin embargo, son consideradas integrales, pues mientras se trabaja un área automáticamente involucra otras, arrojando resultados positivos.

DINÁMICAS DE GRUPO PARA TRABAJAR LA IMPULSIVIDAD

41- Atención al detalle

Recursos: imágenes, dibujos de diferentes tamaños, fotografías

Duración: 30 – 45 minutos

Número de niños: entre 5 y 15

Los niños diagnosticados con TEA suelen ser impulsivos, para ellos, es muy difícil poder hacer frente a las situaciones cuando experimentan algún tipo de molestia, por lo que muchas veces, ante la frustración, pueden responder con impulsividad.

Si se les brinda las herramientas pertinentes, es muy probable que aprendan ciertas estrategias que le faciliten el poder canalizar esta emoción, contribuyendo así a mejorar sus relaciones interpersonales.

La dinámica consiste en conformar pequeños grupos, en cada grupo, se seleccionará un participante para dar inicio a la misma, al repetirse el participante escogido tomará lugar en el grupo para darle la posibilidad a otro de protagonizar la experiencia.

Se muestra al primer niño seleccionado, una serie de imágenes, dibujos y fotografías, la idea es que pueda estar atento a cada detalle de estas, se les muestran durante unos pocos minutos.

Transcurrido el tiempo, se retiran las imágenes, dibujos y fotografías y se le pregunta al niño acerca de los detalles y colores observados, la intención es que pueda reproducir al máximo todo lo observado.

Se trata de una dinámica de concentración que le ayuda a centrar su atención en una realidad específica, es gran utilidad porque el niño va desarrollando la capacidad de centrar su atención en una cosa concreta para calmarse cuando algo le sea desagradable y sienta el deseo de explotar como un volcán.

42- Simón dice

Recursos: solo los niños

Duración: 30 minutos

Número de niños: entre 5 y 15

Los niños deben ser colocados en un círculo grande, se seleccionará uno que será el capitán Simón y el encargado de dar las órdenes.

El niño Simón iniciará su turno haciendo una primera petición "Simón dice que todos deben tocarse la oreja derecha," todos los niños de deben atender a la solicitud.

Luego, va cambiando poco a poco cada petición e incorporando un nivel de complejidad, las órdenes pueden ser más rápido, repetidas o varias a la vez.

El niño que se vaya quedando en el camino o que no desee obedecer será retirado del juego. El o los últimos en llegar al final de todas las peticiones serán los ganadores.

El objetivo de la actividad es fomentar en los niños la obediencia, en ocasiones, las situaciones de disgusto suelen suceder frente a padres, representantes, maestros o algún adulto.

Cuando ellos intervienen oportunamente pueden evitar que los niños tengan una conducta impulsiva frente a la situación.

Si se orienta a obedecer antes los llamados de atención de los adultos, se podrá abordar los hechos adecuadamente, evitando así el incomodo momento tanto para el niño, como para el resto, de un arranque inesperado.

43- Cámara lenta

Recursos: solo los niños

Duración: 30 minutos

Número de niños: entre 5 y 15

Los niños serán colocados en círculo en el lugar en el que se encuentran, a fin de que la dinámica sea realizada con orden y comodidad.

Recibirán la instrucción, de que, al iniciar la actividad, todos deben comenzar a caminar en cámara lenta, como si fueran astronautas.

Transcurrido algún tiempo, se les cambia la señal y deben comenzar a caminar o realizar actividades más rápidas, como caminar, trotar, brincar.

Esta dinámica podrá durará el tiempo que sea necesario para que ellos se adapten a seguir las instrucciones.

Esta actividad contribuirá a que niño perciba la importancia de seguir instrucciones, acción ideal para cuando ante alguna eventualidad se ven tentado a responder con impulsividad.

Los niños con TEA son muy inteligentes y están en la capacidad de comprender ciertas instrucciones y cuando sea necesario aplicarlas en su diario vivir.

44- El eco

Recursos: solo los niños

Duración: 30 minutos

Número de niños: entre 5 y 15

El eco representa una actividad muy divertida, la misma no solo aporta una enseñanza significativa al niño, sino que le distrae y le lleva a la reflexión que muchas veces, esas cosas que tanto alteran pueden ser agradables si se saben manejar.

En esta ocasión, los niños deberán representar un eco, un niño dice una frase y el resto se encargará de repetir las últimas sílabas.

Esta última parte puede ser grupal o uno por uno debe irá repitiendo hasta terminar la frase.

Se trata de una actividad que requiere concentración para poder percibir qué es lo que sucede y lo que se debe continuar.

Y es ahí, precisamente donde se hará el mayor énfasis, las situaciones no requieren una respuesta inmediata, siempre hay que observar con detenimiento lo que sucede y pensar las respuestas que se van a dar de manera asertiva.

DINÁMICAS DE GRUPO DE TRABAJAR LA CREATIVIDAD

45- Dibuja la imagen

Recursos: hojas, lápices, colores

Duración: 30 minutos

Número de niños: entre 5 y 15

Por lo general, los niños con autismo suelen ser muy rígidos en sus rutinas, por lo que el desarrollar la creatividad para ellos no resulta tarea sencilla.

Las dinámicas resultan una estrategia fundamental para que ellos puedan desarrollar el pensamiento, el poder hacer actividades motivadoras contribuyen a abrir espacios para que den lugar al crear de manera espontánea y a su vez se les brindan las herramientas para que puedan hacerlo libremente en su entorno.

Los niños se colocarán en parejas, se les facilitará lápiz, hojas y colores, la idea es que puedan dibujar a su compañero, tomando en cuenta todos y cada uno de los detalles que los caracteriza.

Dibujos inspirados en su creatividad, tomando en cuenta referencias acerca de los gustos e intereses, entre otros.

Luego le tocará el turno al siguiente compañero, una vez que hayan finalizado, podrán compartir su experiencia con el resto del grupo.

Si alguno desea añadir algo más, puede hacerlo para complementar el dibujo. Es una actividad que aparte de desarrollar el pensamiento creativo, será muy divertida, porque cada quien pondrá un toque especial a su creación.

A medida que el niño se incentiva, puede abrirse a los futuros cambios, comprendiendo que no todo siempre es tan cuadrado, por el contrario, existen mil formas de expresar las ideas que libremente pueden fluir cuando se les da lugar.

46- Completa la frase

Recursos: solo los niños

Duración: 30 minutos

Número de niños: entre 5 y 15

Los niños se colocarán en círculo, la persona que dirige la dinámica creará un mensaje y los expresará en voz alta.

Ejemplo: "Andrea salió al campo," el de al lado, debe colocar una frase nueva, "Andrea salió al campo por la mañana," el siguiente añadirá una más, "Andrea salió al campo por mañana a buscar café."

Así recorrerá el mensaje en círculo, hasta llegar al final, la intención es que el mensaje no se pierda.

En caso de que el mismo llegase a perderse, el niño que no logré reproducirlo y completarlo deberá de inmediato crear otro y seguir la actividad.

Completa la frase es perfecta para trabajar la creatividad, ya que el niño se verá en la necesidad inmediata de seguir adelante para no perder el hilo de la dinámica, concluyendo esta con éxito al lograr el objetivo.

47- Busca la salida

Recursos: hojas y colores

Duración: 30 minutos

Número de niños: entre 5 y 15

Se abrirá un espacio para que los niños realicen dibujos libres y coloreen, mientras están en su actividad la persona encargada de llevar adelante la dinámica, dará las instrucciones.

Mientras ellos colorean, se simulará un incendio, cuando escuchen "se quema la casa," deberán levantarse de inmediato y buscar la salida.

Ésta constituirá cualquier espacio libre que ellos deseen, con la salvedad de que cada uno debe buscar su salida.

Aquel niño que quede en pareja o grupo en algún espacio que haya seleccionado otro quedará descalificado.

La dinámica puede repetirse varias veces para estimular la creatividad, dándole la posibilidad de que en cada ronda puedan buscar o crear un lugar diferente.

Al finalizar, se da lugar para contar experiencias y divertirse con la intervención de cada compañero, que sin lugar a dudas será única.

48- Dale forma

Recursos: papel bond y marcadores

Duración: 30 minutos

Número de niños: entre 5 y 15

La persona que dirige indicará a los niños colocarse en fila de frente a ella, quien deberá estar ubicada en una pared.

En ésta pegará la lámina de papel bond, seleccionará a un niño del grupo y explicará a los compañeros que dibujarán al mismo en el papel, pero entre todos. Pueden si desean, cuando estén dibujando colocarle ropa, zapatos, accesorio.

Comienza él con la forma de la cabeza, y así sucesivamente van pasando uno a uno a poner sus características, ojos, nariz, boca, orejas, cuerpo, brazos, tronco, piernas y más.

La idea es que todos puedan participar, y con su creatividad dibujen a su compañero lo más parecido posible.

El poder aportar nuevas ideas les ayudará a realizar una intervención que cumpla con el objetivo propuesto.

El hacer uso constante de las actividades grupales con niños con TEA facilitará el camino para un desenvolvimiento oportuno dentro de cada uno de los contextos en los que el mismo se desenvuelve.

DINÁMICAS DE GRUPO PARA TRABAJAR LA SUJECIÓN A LAS REGLAS

49- Paralizado

Recursos: cartones de colores

Duración: 30 minutos

Número de niños: entre 5 y 15

Las actividades para fomentar el respeto de las reglas, no se pueden pasar por alto, los niños con TEA, les resulta un conflicto hasta atender por su nombre cuando son llamados, cuanto más el memorizar, asumir y cumplir una serie de ordenes en relación algo.

Cuando se utilizan las dinámicas de grupos, se facilitan herramientas que permiten desarrollar ciertas actitudes, dentro ellas, la disposición para asumir todas aquellas normas que son establecidas en espacios y momentos específicos.

Los cartones de colores se colocarán en el piso, en forma de camino, indicando el punto de partida y el punto de llegada.

Se seleccionará a uno de los niños, el cual será el encargado de llevar adelante la actividad.

Éste deberá colocarse, donde se indica la llegada frente a la pared, el resto de los niños estarán al otro extremo esperando las indicaciones.

Inicia el conteo por parte del niño líder en voz alta, mientras cuenta, el resto de los niños deberá caminar, siguiendo la línea marcada para llegar a él.

Cada cierto tiempo deberá de tener el conteo y voltear al grupo diciendo "paralizado" los participantes deberán detenerse, éste les observará, si alguno hace algún movimiento será descalificado y deberá retirarse de la dinámica.

Así se hará sucesivamente hasta que todos logren llegar al punto de partida, el primero será el ganador, pero la actividad seguirá adelante hasta que la mayor parte del grupo pueda llegar.

Es una forma bien práctica de enseñar la necesidad de cumplir las reglas cuando las mismas son establecidas.

50- El semáforo

Recursos: cartulinas, colores y música

Duración: 30 minutos

Número de niños: entre 5 y 15

El semáforo representa una dinámica muy conocida para manejar la sujeción a las reglas.

Se puede planificar cualquier tipo de actividad, en la que se pueda establecer el uso del semáforo como limites en el desarrollo de la misma.

En un primer momento se colocan a los niños en círculo y se les explica el significado de los colores del semáforo, el verde significa avanzar, el rojo detener y el amarillo alerta porque el mismo está a punto de cambiar a rojo.

Para ello se utilizará la cartulina y los colores para dibujarlo y que los niños puedan visualizarlo.

Luego se procede a colocar la música y los niños comenzarán a bailar, la persona encargada de llevar adelante la dinámica indicará los cambios de colores.

Cuando la misma diga "verde" todos iniciarán el baile, cuando diga "amarillo" deberán poco a poco deben parar el baile y cuando diga "rojo," todos tienen que quedar inmóviles.

Se repite la acción varias veces, hasta que los niños se familiaricen con la orden y en cada oportunidad sea más sencillo acatarla.

Mientras se les facilite este tipo de prácticas, se podrá tener la garantía de que, cada una de estas situaciones que les impiden adaptarse fácilmente al entorno, serán trabajadas y superadas, alcanzado un mejor desenvolvimiento en cada contexto.

51- Sigue la regla

Recursos: hojas, marcadores, colores, lápices

Duración: 30 – 45 minutos

Número de niños: entre 5 y 15

Se entregará a los niños materiales para dibujar, hojas, marcadores, lápices, los mismos deberán comenzar a realizar un dibujo de su preferencia o relacionado a sus intereses.

Se les explicará, que aun cuando es una actividad libre expresión, cada vez que se les de una orden, deben acatarla para continuar con la dinámica.

Las reglas serán muy sencillas, "inicia el dibujo, detén el trabajo y conversa 2 minutos con tu compañero de al lado, intercambia el dibujo y ayuda a tu compañero con el de él, intercambia los colores con el participante de atrás, entre otras."

Así trascurrirá la actividad hasta que todos hayan culminado, la idea es que todos puedan abocarse a realizar la actividad bajo los parámetros establecidos, a fin de adquirir un aprendizaje significativo.

52- Crea situaciones y establece reglas

Recursos: papel bond y marcadores

Duración: 30 minutos

Número de niños: entre 5 y 15

Los niños con TEA presentan dificultad para asumir ciertas reglas, sin embargo, implícitamente las conocen y saben que hay que darles cumplimiento.

Cuando ellos hacen cosas que son de su interés, por lo ejemplo, hablar o conocer acerca de un tema, no les gusta que se les interrumpa, esa es una de sus reglas, así como esa, muchas otras, es importante hacerles saber que, así como a ellos les gusta el respeto hacia lo que hacen, al resto de las personas que le rodean también.

Se les pedirá a los niños crear una situación, la que ello deseen, con la salvedad que, para el desarrollo de la misma, con orientación, deberán establecer reglas.

Puede ser explicar recetas de cocina, algo sobre la música, por qué ellos escogen algunos juguetes preferidos, entre otros.

La idea es que mientras se expresan puedan llevar al resto del grupo a cumplir todas aquellas cosas que les gustaría observar en ellos, mientras hacen su intervención.

Ejemplo, "deseo que escuchen, si van a preguntar o sugerir algo levanten la mano, las intervenciones de cada uno no podrá pasar de un minuto y más."

Las tomarán y las escribirán en el papel bond y luego se colocarán de manera visible para que todos las recuerden.

Así se llevará adelante la actividad, con diferentes participaciones, al concluir, se les preguntará cómo se sintieron y se les hará referencia a la necesidad de cumplir las reglas que los otros les establecen, así como es gratificante que los otros acaten a los límites que cada uno de ellos, en sus espacios, coloca.

DINÁMICAS DE GRUPO PARA TRABAJAR LA TOLERANCIA

53- Los limones

Recursos: limones y una cesta

Duración: 20 minutos

Número de niños: entre 5 y 15

Tolerar es una acción muy compleja, hay que aprender a desarrollar habilidades para llegar a acuerdos con las demás personas, así difieran de nuestros pensamientos, ideas, argumentos, otros.

Cuanto más para un niño con TEA que por naturaleza, su condición se la hace vivir con ciertas limitaciones.

Este tipo de actividades, le ayuda a desarrollar el pensamiento, contribuyendo a mostrar tolerancia con los demás, aun cuando sus formas y comportamientos, no sean comprensibles del todo.

Se colocará a los niños en círculo y se le entregará un limón a cada uno, en el centro de ellos se colocará la cesta.

Los niños deben tomar sus limones, observarlos con detenimiento y dar una o más características de cada uno de ellos.

Todos tendrán la posibilidad de expresarse, pueden intercambiar ideas con sus compañeros y complementar la suya.

Luego se intercambiarán los limones entre participantes, volverán a observar y expondrán nuevas características.

Culminada esta primera parte, la persona encargada de llevar adelante la dinámica indicará a los niños que busquen su limón, probablemente lo consigan sin problemas, aunque algunos elementos sean distintos.

Luego esta misma persona tomará los limones y los cortará por la mitad, indicará nuevamente a los niños que busquen sus limones, lo que esta vez será más complejo, todos parecerán ser los mismos.

Se toma la palabra para enseñarles que, muchas veces las personas parecieran ser iguales, sin embargo, siempre tendrán características muy particulares que las hacen distintas, pero que, a pesar de todo, si hay respeto por sus ideas, pensamientos, expresiones, otras, pueden entrar en cualquier espacio y desarrollar relaciones empáticas con los demás.

54- El círculo mágico

Recursos: hojas, lápices, cesta

Duración: 30 minutos

Número de niños: entre 5 y 15

Se le entregará a cada niño una hoja y un lápiz, estos deberán seleccionar a un compañero y lo describirán en la hoja, resaltando aquellas características que hacen su personalidad.

Se tomarán su tiempo y cuando todos hayan terminado colocarán su papel en la cesta que debe estar al frente de ellos.

Luego, por orden de la persona encargada de liderizar la dinámica, pasará uno a uno, tomará uno de los papeles y comenzará a leer.

El resto de los compañeros escuchará con atención y cuando termine podrán participar tratando de adivinar a quién corresponden las características mencionadas.

Así se hará con todos los papeles y compañeros, luego se les enseñará, para finalizar la actividad, que todas las personas poseen particularidades únicas que las hacen diferentes unas de las otras y que, aun así, hay que aprender a tolerarlas, respetarlas y aceptarlas tal y como son.

55- El 9 y el 6

Recursos: lámina de papel bond, marcadores y cinta plástica

Duración: 30 minutos

Número de niños: entre 5 y 15

Los niños serán ubicados en dos filas, una al frente de la otra, se toma el papel bond y se dibuja un 9.

El papel ha de colocarse en el medio de ellos, de forma que unos lo vean de una forma y los otros de otra.

Se da inicio a la dinámica con la participación de todos, van pasando de dos en dos, uno se coloca en una esquina del papel y el otro al otro externo, deben observar y expresar lo que perciben.

Lo más natural será, que el que observa de un lado vea un 9 y el que observa del otro vea un 6.

Así pasarán hasta que todos participen, por ser una misma imagen, se obtendrá el mismo resultado.

Para finalizar, se les debe explicar que todos tenía razón, porque desde sus perspectivas unos veían un 9 y otro un 6, ambos estaban en lo correcto.

Por esta razón, es necesario aprender a respetar y ser tolerante con los demás, aun cuando sus posturas sean distintas a las nuestras, cada quien expresa de acuerdo a su capacidad de percepción.

56- La lista de la tolerancia

Recursos: láminas de papel bond, marcador y cinta plástica

Duración: 30 minutos

Número de niños: entre 5 y 15

Cada niño debe tener una lámina de papel bond y un marcador, con la cinta plástica la pegará en un espacio visible y le colocará su nombre.

En cada lámina, se harán dos columnas, una con las cosas que les agradan y en la otra las que no les agradan.

Al finalizar, uno por uno tendrá la posibilidad de leer lo que escribió, para luego hacer un papel general en el que, de acuerdo con lo que expresaron se escriban líneas generales que puedan beneficiar a todos.

Tales como, "no insultar, burlarse del otro, interrumpir mientras se expresa, otros, y del lado de la columna positiva "escuchar, apoyarse, compartir y más."

De esta forma podrán ir comprendiendo que el tolerar las acciones de los demás, va de la mano con el respeto a cada una de las diferencias que posee todos.

DINÁMICAS DE GRUPO PARA TRABAJAR COMPRENSIÓN DEL LENGUAJE NO PRECISO

57- El sombrero

Recursos: sombreros de colores en papel

Duración: 30 minutos

Número de niños: entre 5 y 15

Existe gran dificultad en los niños con TEA para comprender aquel tipo de expresiones que no van de la mano con el lenguaje no preciso.

Por esta razón, resulta muy difícil comunicarse con ellos a través de mensajes con palabras desconocidas, metáforas, pistas, entre otros.

Las actividades y dinámicas grupales, son elementos perfectos para que puedan desarrollar el pensamiento y a su vez la capacidad de comprender el lenguaje no literal, permitiendo de esta forma un mejor desenvolvimiento en los cada uno de los entornos de su vida diaria.

Se tomarán los cinco sombreros de colores y se colocarán sobre la mesa, los colores han de ser, amarillo que representa alegría, blanco tranquilidad, rojo energía, azul inteligencia y negro tristeza.

Luego se deben seleccionar cinco participantes, los cuales serán los encargados de realizar ciertas representaciones, utilizando señales y gestos, que vayan acorde con el color de sombrero de su preferencia.

Mientras éste hace su representación, el resto de los compañeros deben observar con detenimiento, a fin de comprender cuál es el mensaje que se está expresando.

De descubrirlo alguno, debe colocarse de pie, pedir permiso, pasar el frente, tomar el sombrero que considera corresponde a la acción y colocárselo.

Se hará de la misma forma con los cinco participantes, para luego finalizar la dinámica, explicando que no siempre las informaciones que llegan a nosotros lo harán de forma clara y literalmente.

Muchas veces, hay que aprender a discernir hasta intenciones para poder comprender, no está mal, es solo una forma de expresión y el adaptarse a ellas contribuye a mejorar las relaciones interpersonales.

58- Explica el mensaje de distintas maneras

Recursos: hojas, lápices, marcadores, imágenes, otras

Duración: 50 – 60 minutos

Número de niños: entre 5 y 15

Se ubica a todos los niños en un círculo y se les da un papel con un mensaje, el cual ellos deberán expresar a sus compañeros utilizando metáforas, señas, imágenes, dibujos y más.

Cada uno leerá su mensaje con detenimiento y se dará, entre 5 y 10 minutos para que pueda crear su participación.

Luego se les permitirá expresar el mensaje asignado, no se pude manifestar el mismo utilizando ninguna palabra clara escrita en el papel.

Por su parte, el grupo que escucha tendrá en mano una hoja y un lápiz con el que podrá tomar nota, copiando ideas y palabras claves que permitan al final formular un mensaje con lo que se quiere decir.

Cuando todos hayan hecho su participación, entonces se procederán a leer los mismos, lo que hayan comprendido y se asemeje al mensaje original, serán los ganadores de la actividad.

Al finalizar, se les habla acerca de lo necesario que se hace abrirse a la comprensión de otras formas de comunicación, el poder comprender metáforas, chistes, expresiones que son sean de forma literal ayuda relacionarse de mejor manera en los diferentes entornos.

59- Dime qué quieres

Recursos: solo niños

Duración: 30 minutos

Número de niños: entre 5 y 15

Los niños serán divididos en parejas, tendrán unos cuantos minutos para interactuar.

Solo utilizarán al inicio la palabra "dime qué quieres," se hará por turno, mientras uno pide, el otro debe descifrar.

En esta dinámica, no se puede utilizar palabras, ni siquiera metáforas, solo señas, será todo un reto para los que tengan el turno de comprender lo que se les quiere decir.

Como para los niños con TEA no es tan sencillo expresar de esta forma y menos comprender, el mismo llevará adelante la actividad con la orientación de un adulto que le permita participar de manera eficaz, logrando alcanzar el aprendizaje que se le desea trasmitir.

Seguramente, no será una tarea sencilla, pero sin lugar a dudas, sí será para él muy divertida y significativa.

60- Las fotos que hablan

Recursos: fotografías de diferentes acontecimientos, recortes de revistas, caricaturas, otros

Duración: 30 minutos

Número de niños: entre 5 y 15

Las fotos que hablan es una dinámica muy práctica para ayudar a los niños con TEA en la comprensión del lenguaje no preciso.

Se indicará a los niños que se sienten en un gran círculo, la persona que lleva adelante la dinámica, tomará una cantidad de fotos, recortes, caricaturas, imágenes, seleccionadas con anterioridad.

Se mostrarán a los niños una a una y se les irá preguntando qué observan en ellas, características, emociones, qué elementos creen que hay en las fotos que consideren transmiten un mensaje.

Luego se tomará una a una y se explicará que, en efecto, todas tienen un significado específico que se transmite con solo observar la imagen.

Por esta razón, es necesario adquirir capacidades, que desarrollan en el pensamiento, permitiendo de esta forma mejorar las formas de comprensión, de aquellas informaciones que muchas veces se transmiten y se usa un lenguaje no preciso.

Quizá, resulten más complejas comprenderlas, pero no es imposible, con un poco de esfuerzo, se puede lograr.

DINÁMICAS DE GRUPO PARA TRABAJAR LA DIFICULTAD DE ESTABLECER EL CONTACTO VISUAL CON EL OTRO

61- Mira y repite

Recursos: solo niños

Duración: 30 – 45 minutos

Número de niños: entre 5 y 15

El establecer un contacto visual con las demás personas es una tarea compleja para los niños con TEA, por lo general, son un poco tímidos, sobre todo en los primeros encuentros, por lo que ser muy empáticos no es su fuerte.

La empatía viene de la mano con la posibilidad de hacer un contacto más directo, pero entran en juego una serie de características particulares y naturales en estos niños que les dificulta abrirse y dejarse conocer.

La dinámica mira y repite, es una gran estrategia para que los mismos comiencen a derribar creencias erradas que puedan tener de sí mismos, y abran de esta manera escenarios que les permitan establecer mejores relaciones y por ende procesos comunicativos.

Se indicará a los niños que deben colocarse en parejas, será una actividad muy divertida que incluye repetir acciones, el niño con TEA deberá trabajar con la orientación de un adulto que le ayude a cumplir con la misma y alcanzar el objetivo.

Se debe parar uno al frente del otro, se les dará un tiempo prudencial, para que compartan entre ellos, a fin de ir rompiendo el hielo.

Pueden hablar de cosas de interés para ambos, juguetes, juegos, comidas y más, la idea es que poco a poco vayan entrando en confianza.

Luego se abrirá un espacio en el que deberán repetir unas cuantas frases, la persona encargada de dirigir la dinámica, les entregará unos mensajes en un papel, uno será el encargado de leer y el otro de repetir.

Luego, el otro toma el papel y lee y el que leyó primero repite, para realizar la actividad, se debe, necesariamente, establecer un contacto visual, los niños deberán reproducir tal cual el mensaje que han escuchado, con los gestos que le han acompañado.

Esto permitirá que el niño con TEA vaya desarrollando habilidades que le enseñen a hacer contacto visual con las demás personas, no es una tarea sencilla, pero brindando las herramientas correctas se puede alcanzar el aprendizaje.

62- ¿Cuáles objetos faltan?

Recursos: objetos, colores, juguetes, botones, pañuelos, caramelos,otros

Duración: 30 minutos

Número de niños: entre 5 y 15

Se toman los diferentes objetos que se tengan a disposición para realizar la dinámica y se colocan en una mesa, los niños estarán alrededor de ellos, a fin de que puedan visualizar y memorizar cuáles son los objetos que están presentes.

Se selecciona uno de los niños y se pasa al frente, tiene la tarea de observar detenidamente, todos y cada uno de los objetos que han entrado en el juego.

Luego tomo su lugar, la persona que lleva adelante la dinámica, les indicará colocarse el pañuelo, que cada uno debe tener en sus manos, en los ojos.

Cuando todos tengan los ojos cubiertos, procederá a retirar algunos de los objetos que estaban sobre la mesa y le dejará solo algunos, si prefiere también puede retirar uno, ello hará más compleja la actividad.

Luego, indicará a los niños que deben retirarse el pañuelo de los ojos y llama nuevamente al niño que observó los objetos a inicio.

Preguntará acerca del o los objetos que faltan en la mesa, este deberá recordar lo que había observado e identificar lo que falta si lo recuerda, el proceso entre la persona que pregunta deberá involucrar un proceso visual, no solo con los objetos sino entre ellos.

Si el niño logra acertar se le debe premiar con un caramelo, toma su lugar y se le da la participación a otro.

Al finalizar, se les habla de lo necesario que mirar a las personas cuando expresan algo, sus manifestaciones corporales, también habla por ellos, se le concede un caramelo a cada uno y se da por concluida la actividad.

63- Observa y copia

Recursos: pizarra acrílica, hojas, lápices, marcadores, cinta plástica, borrador

Duración: 30 – 40 minutos

Número de niños: entre 5 y 15

Se entrega a cada niño una hoja y un lápiz, la dinámica va centrada en que ellos deben escribir.

Frente a ellos, se coloca la pizarra acrílica, que será utilizada por la persona que va a trasmitir el mensaje.

Ésta será la encargada de ir colando una cantidad de mensajes cortos en la pizarra, les dará a los niños un tiempo prudencial para escribir y procederá a borrar para colocar otro.

De esta forma hará en reiteradas oportunidades, con diferentes mensajes, cuando inicie debe explicar a los niños que deben observar muy bien lo que se escribe, a fin de que no se equivoquen al copiarlo en su hoja.

Al finalizar, cada niño podrá leer lo que escribió y corroborar si el mensaje está de acuerdo a lo que se expresó en cada espacio, si falta o si se copió algo demás.

Para que la misma se desarrolle de manera asertiva, los niños deben estar bien atentos y observar detalladamente para que tengan el mínimo margen de error, a su vez, van desarrollando su capacidad de observación en cada circunstancia.

64- Sígueme

Recursos: solo niños

Duración: 30 minutos

Número de niños: entre 5 y 15

Los niños serán colocados en parejas, se establecerá en el espacio en el que se encuentran, un punto de partida y un punto de llega.

La dinámica consiste en que partirán de un lugar a otro, pero con la ayuda de su compañero.

Tomados de la mano, uno frente al otro, mirándose fijamente, sin voltear a los lados, deberán transitar de un extremo a otro, hasta llegar al punto de llegada.

Al llegar, hacen cambio y al venir de regreso el niño que iba indicando el camino, será el que debe ser dirigido.

Cuando hayan hecho los dos recorridos, se sentarán en círculo y se abrirá un espacio para conversar, ¿cómo se sintieron? ¿les generó confianza dejarse guiar mientras observaban a su compañero? ¿qué aprendieron de la actividad?

En esta última interrogante se hará referencia a lo importante que es el contacto visual con el otro, es una forma de comunicación, es una forma de transmitir, es una forma de darse a entender, es normal y es de gran utilidad en todo proceso comunicativo.

DINÁMICAS DE GRUPO PARA TRABAJAR LA INTROVERSIÓN

65- Sigue la letra

Recursos: música

Duración: 30 minutos

Número de niños: entre 5 y 15

Otra de las dificultades de los niños con TEA que influye en su interacción con los demás, es su introversión, esta es una de las características que permite identificar su condición.

No son introvertidos por falta de interés para relacionarse, sino porque no poseen las herramientas efectivas para ello.

Por esta causa, a través de las diferentes dinámicas adquieren destrezas, que poco a poco los va incorporando en su rutina diaria conmayor naturalidad.

Los niños se colocarán en círculo, se les pondrá música y tendrán un tiempo para bailar, reír y relacionarse unos con otros.

Transcurrido ese tiempo, se relajan un poco y se les explica que a continuación, se pondrá nuevamente un poco de música, mientras ella suena, ellos deberán cantarla, al pausarla, uno de ellos levantará la mano y continuará la letra.

La dinámica se repite en varias oportunidades, a fin de que los niños puedan participar en su mayoría, cantando y divirtiéndose mientras lo hacen.

Si hay un niño que desee participar y continuar la letra más de una vez, bien puede hacerlo, ello contribuirá a romper el hielo y que tomen mayor confianza.

Al concluir, se les debe explicar que existen ocasiones en las que participar y reír de diferentes formas es necesario, ello contribuye a abrirnos a conocer y ser conocidos, mejorando las relaciones interpersonales.

66- Pasar la pelota

Recursos: una pelota

Duración: 30 minutos

Número de niños: entre 5 y 15

Los niños deberán sentarse en círculo, la pelota estará en la mano de la persona encargada del grupo, quien llevará adelante la dinámica.

La misma consiste en tomar la pelota, mencionar a uno de los participantes y hablar un poco de sus características generales.

Terminada su participación, tomará la pelota y la lanzará al compañero mencionado, quien, a su vez, seleccionará a otro compañero y hará lo mismo, hablará un poco de todas aquellas particularidades que lo caracteriza y volverá a lanzar la pelota.

Así se hará todo el tiempo que sea necesario, todos los niños deben tener participación.

Al finalizar, se conversará un poco con ellos acerca de cómo se sintieron y qué aprendieron de sus compañeros.

Ello permitirá afianzar las relaciones y comunicación de manera más espontánea, dejando a un lado el retraimiento.

67- Juego de roles

Recursos: solo niños

Duración: 30 - 45 minutos

Número de niños: entre 5 y 15

Los niños se colocarán en círculo y se les dará un tiempo prudencial para que compartan un poco entre ellos, hablarán de los que les gusta, juguetes, comidas, deportes y más.

Se abrirá un espacio en el que se les preguntará qué desean ser cuando crezcan, en relación a profesiones u oficios y se les permitirá hablar un tiempo más.

Luego se les indicará que jugarán un poco a los roles, y que en función de lo que cada uno expresó, creen una circunstancia que les permita representar su rol.

Será como un juego libre, en el que ellos podrán mostrar sus capacidades y la forma en la que desean ser proyectándose en unos cuantos años.

Ellos siguiendo las indicaciones comenzarán de desarrollar su activa de manera divertida, pero a la vez reflejándose en uno de sus intereses.

Esta actividad les permite salir de su retraimiento, al verse compartiendo de manera amena con los demás, y a medida que se van ejercitando será mucho más sencillo abrirse al compartir.

68- Crea la frase

Recursos: hojas y lápices

Duración: 30 minutos

Número de niños: entre 5 y 15

Los niños se colocarán en parejas, se le entregará un lápiz y un papel a cada uno, la persona encargada de llevar adelante la actividad explicará en qué consiste el desarrollo de la misma.

Estará de pie al frente de ellos hablando de diferentes temas, serán todos de interés para llamar su atención.

Con la salvedad que cada cierto tiempo dirá una frase, guardará silencio y los niños deberán crear la frase que ellos consideran encaja con lo que él estará explicando.

Al finalizar, tendrán la oportunidad, por parejas, de hablar acerca de lo que cada uno escribió, será un rato de gran diversión porque muy probablemente, las frases creadas no guardarán relación con lo que realmente continuaba si la persona seguía adelante con su participación.

Mientras comparten y ríen los niños tendrán la posibilidad de abrirse a la experiencia, haciendo por un momento a un lado el retraimiento que le caracteriza.

Si las herramientas se aplican asertivamente, a medida que el niño va madurando, podrá superar esta limitación para relacionarse oportunamente.

DINÁMICAS DE GRUPO PARA TRABAJAR LA OBSESIÓN POR OBJETOS O COSAS PARTICULARES

69- ¿Cuáles son tus intereses?

Recursos: hojas y lápices

Duración: 30 minutos

Número de niños: entre 5 y 15

El interés excesivo por ciertas cosas y objetos es muy natural en los niños con TEA, les encanta poder hablar sin límites de las cosas que representan gran interés para él.

Con esta dinámica se pretende abrir espacios de compartir en el que tengan la oportunidad de conversar con otros niños, diferentes temas, comprendiendo a la vez que, aunque algo sea muy interesante, siempre hay tiempo de enriquecerse con otras cosas, que también pueden ser de gran importancia.

Se colocarán a los niños por parejas y se les concederá un tiempo prudencial para que conversen entre ellos acerca de todo lo que más les gusta.

La persona encargada de llevar adelante la actividad, deberá medir el tiempo, monitoreando que en la pareja los dos participen.

Mientras escuchan a sus compañeros, podrán tomar notas de todas aquellas cosas a la que este haga mención y parezca agradable y divertida.

Al culminar el tiempo, se colocarán al frente del grupo e iniciarán nuevamente la conversación, haciendo mayor énfasis en lo que escribieron que les pareció interesante.

El resto del grupo escuchará atentamente y si los temas que se expresan les parece atractivos, levantarán su mano y podrán participar añadiendo más elementos.

Así sucesivamente todos podrán hacer su intervención, al finalizar, se les hablará de lo divertido que es poder hablar de lo que les atrae y poder escuchar que no solo los intereses personales son importantes, sino también el punto de vista y lo que resulta llamativo para los demás.

70- La plenaria

Recursos: cuaderno y lápiz

Duración: 30 minutos

Número de niños: entre 5 y 15

La dinámica de la plenaria resulta una dinámica ideal para mostrar que en relación a un tema son muchos los aspectos importantes que se pueden tratar.

Los niños se sentarán en círculo, en esta ocasión asumirán roles de gerentes y personal de confianza de una empresa.

Se les explicará que simularán una reunión en la que tendrán que hablar de todas las cosas relacionadas a la misma, servicios, empleados, producción, finanzas otros y que todos deben participar para llegar a acuerdos positivos.

Inicia la reunión y tomará la palabra la persona que dirige la dinámica quien representará al jefe de la empresa, para ubicar a los niños comenzará a explicarles diversas situaciones y les preguntará ¿qué creen ustedes que podamos hacer?

Esta interrogante se hará con la finalidad de despertar en ellos la ganas de hablar y de participar, al fin y al cabo, es un juego y si hay algo que ellos aman es el jugar.

Podrán intervenir acerca de todo lo que se les ocurra, lo importante es que puedan hablar de muchas cosas, que para lo que están representando es importante.

Luego se abrirá un espacio para concluir, en este, el adulto que desarrolla la dinámica recogerá todas las ideas importantes que expresaron los niños, creará una conclusión y dará por cerrada la reunión.

Luego, ya para cerrar la dinámica, se les hablará acerca de lo importante que es hablar de las cosas de interés propio y que hay otras cosas sumamente atractivas que también merecen que se les conceda atención.

71- ¿Qué me gusta?

Recursos: solo niños

Duración: 30 minutos

Número de niños: entre 5 y 15

Se indicará a los niños que deben sentarse en círculo, la idea será compartir entre todos y conversar en libertad acerca de aquellas cosas que a cada uno les gusta.

La dinámica consistirá en que cada uno tomará la palabra, dirá su nombre y hablará un poco acerca lo que cosas más le gusta y explicará por qué.

Ejemplo, soy Luis y me gusta la música porque con ella puedo bailar, estudiar, dormir y más.

Así se hará con cada uno de los participantes, todos podrán expresarse y manifestar lo que les apasiona.

Luego comenzarán a intercambiar un poco más, la persona que lleva la dinámica adelante comenzará a relacionar lo que cada uno dijo, preguntará por ejemplo a Luis que le parece o si no le gusta lo que es atractivo para Pedro.

De esta forma se les explicará, que existe una cantidad innumerable de cosas, que aun cuando cada quien tenga intereses específicos siempre hay temas y cosas importantes que vale la pena también invertir tiempo para conocer.

72- Más de uno

Recursos: hojas y lápices

Duración: 30 minutos

Número de niños: entre 5 y 15

Con esta dinámica los niños con TEA podrán ejercitarse en el desarrollo del pensamiento, lo que les permitirá comprender, que dentro de las cosas que pueden generar interés, siempre es posible encontrar un abanico de posibilidades.

Se le entregara a cada niño una hoja y un lápiz, y se les explicará en ella deberán escribir tres cosas que más les apasionen, algo que consideren es lo más maravilloso que han visto o conocido.

Para ellos será todo un reto, pues cuando a los niños con TEA algo les apasiona algo, concentran toda su energía específicamente en ello, por lo que, incorporar más ahí puede resultar complejo.

La persona que dirige la dinámica podrá acercarse y orientarlos, a fin de encontrar una segunda y tercera opción.

Cuando el tiempo destinado para ello haya trascurrido, tendrán la posibilidad de compartir lo que escribieron, haciendo mención a cada una de las opciones que consideraron.

Después de la participación de todos, se les preguntará cómo se sintieron al tener que hablar de algo más, aparte de lo que realmente es atractivo para ellos.

Una vez que se hayan expresado, se debe hacer énfasis en que así es el día a día, hay cosas que apasionan mucho, pero que para concederles la importancia que se merecen, no es necesario enfocar en ellas toda la energía.

Solo se debe establecer un equilibrio, que al final, traerá como consecuencias grandes ventajas, porque permitirá conocer y enriquecerse con muchos más temas.

DINÁMICAS DE GRUPO PARA TRABAJAR EL DESARROLLO DE LA INTELIGENCIA

73- Memoria

Recursos: tarjetas de parejas

Duración: 30 minutos

Número de niños: entre 5 y 15

Cuando se habla de inteligencia en niños con TEA, la misma puede variar según el nivel de gravedad de cada caso.

Unos pueden ser muy inteligentes y otros pueden tener mayor dificultad para comprender, sin embargo, en ambos casos, el desarrollo de ciertas actividades dinámicas y juegos, pueden contribuir a aumentar sus capacidades intelectuales, permitiendo de esta forma adquirir aprendizajes significativos.

Memoria es una dinámica muy conocida y sencilla que aporta grandes beneficios al que hace uso de ella como estrategia.

Se indicará a los niños que deben agruparse en parejas, luego se tomarán todas las tarjetas y se colocarán encima de una mesa boca arriba, de manera que todas las imágenes puedan percibirse.

Pasarán a la mesa por parejas y las observarán una a una, se trabajará la dinámica por parejas para que se ayuden entre sí y les sea mucho más sencillo el desarrollo de la misma.

Una vez que hayan observado todas las tarjetas volverán a su lugar, la persona encargada de llevar adelante la dinámica tomará todas las tarjetas y las colocará boca abajo.

Inicia entonces dinámica, los niños pasarán al frente y comenzarán a descubrir tarjeta por tarjeta buscando sus parejas, al encontrarla las seleccionan y retiran.

Así harán sucesivamente, hasta que las hayan descubierto y retirado todas, cuando termine su turno, se sentarán y pasará al frente una nueva pareja con el mismo objetivo.

Cuando todos estén listos, se conversa con ellos para conocer sus experiencias, cómo se sintieron y si les pareció la actividad muy compleja, ello con la finalidad de animarlos para una próxima oportunidad.

74- Rompecabezas

Recursos: rompecabezas, hojas y lápices

Duración: 30 – 45 minutos

Número de niños: entre 5 y 15

Los niños serán divididos en grupos de cuatro a cinco personas, la idea es que todos puedan participar en el desarrollo de la actividad.

Se entregará a cada uno un rompecabezas que deberán armar con la ayuda de todos, deben colaborar y aportar ideas para lograr el objetivo.

Se le dará, además, un lápiz y una hoja, ya que una vez que hayan armado el rompecabezas deberán crear una pequeña anécdota relacionada a la imagen que han encontrado.

Transcurrido el tiempo se abrirá lugar a la participación, de manera que todos puedan compartir sus experiencias.

Hablarán, en un primer momento, acerca de la forma en la que armaron el rompecabezas, si les pareció una actividad compleja o sencilla, de igual forma de la anécdota, qué tan difícil fue crearla.

Ello permitirá medir sus capacidades para realizar este tipo de dinámicas, a fin de repetir la misma las veces que sea necesario.

Recordando que a medida que el niño con TEA vaya madurando, podrá adaptarse de mejor manera a su entorno, ya que muchas de sus dificultades, incluyendo la capacidad de compresión, han sido adecuadamente trabajadas.

75- Enlazando palabras

Recursos: hojas, lápices y colores

Duración: 30 - 40 minutos

Número de niños: entre 5 y 15

Se entregará a cada niño una hoja, un lápiz y colores, la persona que lleva adelante la dinámica será la encargada de iniciar y explicar en qué consiste la actividad.

Ésta dictará a los niños una lista larga de palabras, ellos irán copiando cada una ellas en sus hojas.

Cuando terminen de copiar se les concederá un tiempo para que lean y formen frases enlazando palabras.

Ejemplo, una de las palabras fue "fresa," ellos deberán continuar la oración, la fresa es dulce."

Una vez hayan terminado de completar su lista, se colocarán en un círculo y se le dará la oportunidad a los niños que deseen participar. En su participación deberán leer su lista con lo que cada uno agregó.

Esto les permitirá comprender la gran cantidad de opciones que existen para crear, pues las palabras no fueron enlazadas de una forma única, pues cada uno creó lo que le pareció era lo indicado, diferenciándose unas de las otras.

76- Adquisición de información

Recursos: lápices, hojas, cesta

Duración: 30 minutos

Número de niños: entre 5 y 15

Se le entregará a cada niño una hoja y un lápiz, la cesta ha de colocarse frente a ellos, en el lugar en el que se encuentran.

En su hoja deberán escribir preguntas sobre diferentes temas de interés, juegos, juguetes, comidas, hobbies, más. Solo preguntas sin respuestas.

Cuando hayan concluido, tomarán sus hojas las doblarán y las meterán dentro de la cesta que tienen en frente.

Luego, se escogerá a uno de los niños, para que sea el encargado de ir sacando cada tarjeta al azar y leer la pregunta.

El niño que crea tener la respuesta, levantará su mano, se colocará de pie y dará la respuesta adecuada a la interrogante que se realizó.

Si algún otro niño desea participar en relación a la misma pregunta, para añadir más información y complementar, puede hacerlo.

El objetivo es que todos puedan enriquecerse de con sus conocimientos, desarrollando de esta forma la capacidad para comprender y adquirir aprendizajes significativos.

DINÁMICAS DE GRUPO PARA TRABAJAR LA AUTOESTIMA

77- ¿Cómo soy?

Recursos: hojas, lápices, cartulina, colores, tijeras, pega, bolsa

Duración: 30 minutos

Número de niños: entre 5 y 15

En ocasiones los niños con TEA presentan apatía e indiferencia hacia ciertas cosas y personas, se sienten desmotivados y con falta de amor propio.

Es algo común en ellos, es posible que esté relacionado con sus debilidades en las áreas emocionales.

Sin embargo, como todos los conflictos que suelen presentar, este también puede ser trabajado mediante el uso asertivo de las dinámicas grupales.

Se entregará a los niños lápiz, hoja, cartulina, colores, tijeras y pega, se les indicará que en la hoja escriban cualidades y cosas bonitas que ellos consideren debe tener una persona.

Al finalizar, tomarán una tijera, recortarán cada palabra por separado, la doblarán y la meterán en una bolsa.

Luego, se colocarán en parejas, en la cartulina y el marcador, cada uno dibujará la silueta de su compañero sobre ella.

Tomará cada uno su bolsa, iniciará primero uno, sacará un papel y leerá la cualidad y el otro deberá decidir si esa cualidad se parece a él, de ser así, lo tomará y con la pega procederá pegarlo sobre su cuerpo dibujado en la cartulina.

Así hará con varios papeles, el que se asemeje se pega y el que no, se desecha, luego tomará el turno al otro compañero, bajo la misma línea.

Esta dinámica facilita una buena manera de conocer la personalidad, aceptarla y centrarse en aquellos aspectos positivos que cada persona tiene y la hace única.

Igual es el caso para los niños con TEA, sus características y cualidades, hace de cada uno de ellos un ser especial, y es de suma importancia hacérselo saber.

78- Gafas de la motivación

Recursos: cartulinas, marcadores, cinta plástica

Duración: 30 minutos

Número de niños: entre 5 y 15

Los niños se colocarán en círculo, se abrirá un pequeño espacio para que conversen acerca de las cosas positivas y bonitas que ellos pueden ver en otras personas.

Transcurrido ese tiempo, procederán a dar inicio a la dinámica, uno por uno, tomará la palabra y les dirá a sus compañeros una característica positiva que observa en ellos.

Ejemplo, "Luis es muy inteligente," "Martha es muy creativa," "José es súper divertido," entre otras. Todas las características deben hablar de un bien que cada uno posea. Así todos tendrán la oportunidad de participar.

Al concluir toman la cartulina y los marcadores, la colocan con cinta plástica en un lugar visible al frente de ellos y escribirán todas esas particularidades maravillosas que todos mencionaron.

Una vez escritas todas, la leerán en voz alta y se abrazarán en señal de felicitación por poseer cualidades que los hace únicos y les permite relacionarse de manera empática con los demás.

79- Las estatuas de las emociones

Recursos: solo los niños

Duración: 30 minutos

Número de niños: entre 5 y 15

Los niños serán divididos en dos grupos iguales, cada grupo se colocará en círculo uno al lado del otro.

Se pondrá una música divertida, todos podrán bailar, brincar, reír de manera libre, cuando la música se detenga el primer grupo debe quedarse como estatuas reflejando una emoción.

Por su parte, el segundo grupo, se les acercará para observarlos y adivinar qué emoción es. Ejemplo, caras sonrientes, sorpresas, admiración, entre otras.

Continúa sonando la música y se repite la actividad, en esta oportunidad es el grupo dos el que se queda como estatuas y el grupo uno el que debe adivinar.

La misma puede repetirse las veces que la persona que dirige la dinámica lo considere, luego finaliza la misma y se da lugar a una cómoda conversación en la que todos puedan expresar lo positivo y divertido que observaron en sus compañeros.

Esto los llevará a reflexionar que así son todos los seres humanos, poseen características que permiten alegrar y motivar a las personas, las veces que ellas lo necesiten, eso los hace ser importantes en sus vidas.

80- Reto

Recursos: tizas de colores, dibujos

Duración: 30 - 45 minutos

Número de niños: entre 5 y 15

La persona encargada de llevar adelante la dinámica deberá establecer varios retos con los niños, crear un cuento en cinco minutos, cantar una canción, colorear un dibujo elaborado en cartulina con anterioridad, otros.

Entregará a cada niño un número que lo identifique y con el que tomará lugar cuando le corresponda.

Luego con las tizas de colores, dibujará en el suelo varios cuadros que deberá identificar con el nombre de los retos que fueron establecidos.

Procederá luego a seleccionar a un niño al azar, quien deberá pasar al frente y seleccionar el cuadro con el reto que quiere realizar.

Una vez ubicado, él podrá escoger a los compañeros que desea que le ayuden a cumplir el reto, estos serán los cinco por encima de su número o por debajo.

Ejemplo, si él tiene el número seis deberá seleccionar el 5,4,3,2,1, o en su defecto el 7,8,9,10,11.

Los niños mencionados pasarán al frente, se ubicarán con él en el cuadro y comenzarán a realizar el reto.

Al concluir, tomarán su lugar y la persona encargada de llevar adelante la dinámica podrá seleccionar otro niño al azar para realizar otro reto. Las reglas serán las mismas y la idea es que todos participen.

Una vez cerrado este tiempo, todos se colocarán en círculo y podrán compartir su experiencia acerca de cómo se sintieron desarrollando la actividad.

Se deberá hacer énfasis en lo importante que son todos, con sus fortalezas, para cumplir los objetivos propuestos.

DINÁMICAS DE GRUPO PARA TRABAJAR LA SENSIBILIDAD A DIFERENTES ESTÍMULOS SENSORIALES

81- Juego de colores

Recursos: cartulinas de colores y tijeras

Duración: 30 - 45 minutos

Número de niños: entre 5 y 15

Los niños que son diagnosticados con TEA presentan cierta sensibilidad a diversos estímulos sensoriales, por esta razón, se hace necesario facilitarles herramientas que le permitan ejercer control sobre sus actos, cuando expuestos a este tipo de situaciones.

Los niños se sentarán en pequeños grupos, tomarán las cartulinas y las recortarán en cuadros, los mismos deben tener, por color, la misma cantidad. Es decir, 4 verdes, 4 rojos, 4 amarillos, 4 blancos, 4 azules y así sucesivamente.

Una vez todos los cuadros estén listos, se sentarán alrededor de la mesa y por grupo irán colocando una tarjeta de color, todos deben observar detenidamente, el primer integrante en notar que todas las tarjetas de un mismo color están sobre la mesa, deberá gritar "juego de colores."

Se continuará el juego hasta que todas las tarjetas estén sobre la mesa, el grupo que tenga más aciertos será el ganador.

Luego se abre un espacio para conversar, se les permite hablar de su experiencia mientras participaban con el deseo de ganar.

Este tipo de dinámicas permite desarrollar la capacidad de fijar la concentración en algo importante cuando se desea algo.

De la misma forma acontece cuando un evento alrededor es sumamente perturbador, quitar la atención es la mejor manera de alcanzar la paz en situaciones que suelen alterar la misma.

82- El castillo

Recursos: tacos de madera

Duración: 30 minutos

Número de niños: entre 5 y 15

La persona encargada de llevar adelante la dinámica dividirá a los niños en dos grupos iguales.

En medio de ellos se colocará una mesa, en ella deberán comenzar a armar un castillo con los tacos de madera.

Todos los integrantes del grupo deben participar y trabajar en la construcción del mismo si cuando uno de ellos coloca el taco el castillo se cae, se perderá la ronda y todos los equipos deberán iniciar la actividad.

Esta actividad requiere de mucha concentración, ya que un pequeño descuido hará iniciar la dinámica desde cero y se perderá mucho tiempo para alcanzar el objetivo.

De igual forma sucede con aquellos eventos que pueden desconcertar, quitar la atención de ellos es la mejor manera de continuar las rutinas, sin que las situaciones adversas perturben más de lo necesario.

83- Lee con atención

Recursos: cuento y música

Duración: 30 minutos

Número de niños: entre 5 y 15

Cada niño tomará un cuento y escogerá un lugar en el que desee leerlo en el espacio en el que se encuentran.

La persona que lleva adelante la dinámica colocará música, a un volumen bajo, luego dará la instrucción a los niños para que comiencen a leer.

Mientras ellos leen, poco a poco la música irá subiendo de volumen, ellos no pueden detener la lectura, si hay algo en lo que se pierden, deben retomar para comprender.

Así se llevará la dinámica por el tiempo que la persona que la dirige considere necesario.

Luego indicará que se debe detener la lectura, e iniciará un tiempo para escuchar lo que cada uno entendió de la misma.

Además, deberán expresar cómo pudo afectares el volumen alto y cómo consiguieron seguir al frente con la actividad.

Haciendo énfasis en que sí es posible concentrar toda la atención en algo que realmente genere paz, cuando aparezcan esas situaciones molestas.

84- Mira con atención

Recursos: lámina de papel bond, marcadores de colores, cinta plástica

Duración: 30 minutos

Número de niños: entre 5 y 15

Los niños se colocarán en parejas, se les entregará una lámina de papel bond, marcadores y cinta plástica.

Juntos deberán escribir una serie de palabras y números en ella, una vez concluido tendrán 10 minutos para memorizar todos los detalles.

Concluido el tiempo, procederán a realizar su presentación y expondrán de memoria, lo que más recuerden de lo que han escrito.

Es una actividad que requiere concentración porque, aunque ellos mismos creen su lámina, quizá el repetir sin mirarla lo que han realizado, resulte complejo.

Estas actividades de concentración les permiten desarrollar habilidades, que le lleven a distraer la atención de aquellos estímulos sensoriales que tanto pueden desestabilizar, logrando desenvolverse en sus contextos con mayor libertad.

DINÁMICAS DE GRUPO PARA TRABAJAR LA CAPACIDAD DE ACEPTAR EL AFECTO Y APOYO DEL OTRO

85- Te apoyo

Recursos: hojas, colores, cartulinas, lápices, música

Duración: 30 – 45 minutos

Número de niños: entre 5 y 15

Para los niños con TEA es muy difícil aceptar el cariño y las manifestaciones de apoyo de las demás personas.

Precisamente por ser tan retraídos esta es una tarea que les cuesta mucho trabajo, sin embargo, el poder brindarle herramientas contribuye a que aprendan acerca del afecto hacia los demás, así como a recibir el que desean manifestarles a ellos.

Los niños se colocarán en parejas, se les indicará que deben desarrollar una tarea, puede ser pintar, dibujar, cantar, bailar, entre otras.

Luego les determinará un tiempo específico el desarrollo de la misma, en ocasiones, cuando se asigna un trabajo en conjunto, hay uno que toma la delantera y desea llevar el control de la actividad.

En este caso deberá realizarse con calma, pues ambos deben trabajar en la realización de lo que se asigna, colorear, dibujar, cantar, crear y más, puede resultar complejo, pero no imposible. Permitirá que el o los niños con TEA observen y pongan en práctica que trabajar con la ayuda y el apoyo del otro es significativo.

86- Construyamos juntos

Recursos: cartulina, hojas, colores, marcadores, tijera, pega, plastilina, figuras

Duración: 30 – 45 minutos

Número de niños: entre 5 y 15

La persona encargada de llevar adelante la dinámica, conformará con los niños pequeños grupos le entregará material y les asignará la actividad.

Por cada grupo se entregará, aparte de los materiales unas figuras, las cuales, ambos deberán construir.

Tomarán todos los recursos e iniciarán el trabajo, al finalizar deben explicar a los demás niños cómo fue el proceso de construcción y de cuánta utilidad fue la participación de ambos.

Al finalizar, se les debe hablar acera de la importancia de ser receptivos con la ayuda y el apoyo que los demás tengan a bien brindar.

Existen circunstancias en la vida en las que no se puede llevar adelante una tarea por sí solo, y se requiere necesariamente la intervención del otro, así sea en las tareas más sencillas que se deben realizar.

Se debe internalizar, que abrirse, no significa peligro, por el contrario, "con apoyo, se puedo lograr."

87- ¿Quién soy?

Recursos: hojas y lápices

Duración: 30 minutos

Número de niños: entre 5 y 15

Los niños se sentarán en círculo, todos con una hoja y un lápiz, en la cual deberán tomar nota de las intervenciones de sus compañeros.

Cada uno tendrá el derecho a palabra y hablará de las características bonitas que tienen ellos mismos, todos escucharán e irán tomando notas, no deben mencionar a nadie en específico, solo de manera general.

Cuando hayan terminado su participación, escogerán a un compañero y le regalarán algunas de las características que fueron mencionados entre todos.

Por ejemplo, "Marcos te escojo a ti porque creo que eres cariñoso, amable, aplicado, inteligente, toma estas palabras, te las regalo."

El compañero mencionado deberá escoger a otro, "Luisa te escojo a ti porque creo que eres cariñosa, buena compañera y amable, toma estas palabras, te las regalo."

Así se irán mencionando uno a uno, hasta que todos se hayan expresado y tengan sus palabras.

Se cerrará la misma, con una pequeña conversación, en la que se haga referencia a la importancia que cada persona tiene para las demás, razón por la cual, siempre desean manifestar su cariño y apoyo las veces que sea necesario.

88- Los abrazos

Recursos: solo los niños

Duración: 30 minutos

Número de niños: entre 5 y 15

Los niños se colocarán en círculo, se les dará un corto tiempo para que conversen y compartan entre sí acerca de las cosas que más les gustan, ello a fin de que se rompa el hielo y entren en confianza.

Transcurrido ese tiempo, la persona encargada de llevar adelante la dinámica, les indicará que realizarán una breve exposición, nada de que preocuparse, pues cada quien podrá intervenir libremente, pues el tema lo escogerán entre todos.

Además, después de la excelente participación de cada uno, el premio será un gran abrazo.

La particularidad, es que después que el niño termine de hablar, él mismo escogerá quién desee le entregue el premio, ya que, una vez que le dé su abrazo, retomará la palabra y presentará su exposición.

Será una actividad muy divertida, pues permitirá, estrechar lazos de confianza y a su vez de afecto fraternal entre todos, así se desarrollará la capacidad de comprender, lo agradable que es la manifestación de cariño por parte del otro.

DINÁMICAS DE GRUPO PARA TRABAJAR LA DIFICULTAD DE REPETIR FRASES, PALABRAS O SONIDOS DE MANERA SEGUIDA

89- Repitiendo

Recursos: lámina de papel bond o pizarra acrílica y marcadores

Duración: 30 minutos

Número de niños: entre 5 y 15

El poder repetir ciertas frases, palabras o sonidos se convierte en todo un reto para los niños con TEA.

Ellos suelen utilizar un lenguaje muy estructurado, por lo que, la repetición no es su fuerte, ello se conoce bajo el término de ecolalia.

Facilitando algunas herramientas, esta dificultad puede ser trabajada exitosamente permitiendo que el niño se incorpore sin mayor inconveniente a las actividades que requieran este tipo ejercicio.

La persona encargada de llevar adelante la dinámica, trabajará con los niños ciertas áreas de aprendizaje, en un primer momento puede ser lengua y matemática, basado en letras, frases y números.

Toda la información, será copiada en la lámina de papel bond o en la pizarra y luego se iniciará el ejercicio.

El mismo consistirá en la repetición, primero deberán repetir la información que el adulto que les guía le indica y luego se seleccionará un niño al azar, que tome el lugar y les dirija, podrá repetirse esta acción varias veces.

Se trata de una dinámica y técnica de aprendizaje muy sencilla y conocida, que les permitirá, no solo desarrollar la destreza esperada, sino también la capacidad de memorizar.

De ahí, la importancia de las dinámicas grupales, que no solo tratan un aspecto, sino que con su aplicación se abarcan muchos más.

90- Imita el sonido

Recursos: solo los niños

Duración: 30 – 45 minutos

Número de niños: entre 5 y 15

Todos los niños harán un gran círculo, se iniciará un proceso comunicativo en el que se expresarán libremente acerca de sus gustos por las mascotas.

Por lo general, los niños son amantes de ellas y siempre les resulta atractivo todo lo que con las misma guarde relación.

Transcurrido un tiempo, en el mismo círculo, se sentarán para conversar, ahora sí, ante todos, de aquellos animalitos que tienen en casa o con los que han compartido en algún momento.

Uno a uno irá mencionando la mascota de su preferencia, dará sus características, explicará por qué le gusta y lo más divertido tendrá que imitar su sonido.

Así lo harán todos, hasta finalizar, esta dinámica es sumamente divertida, porque mientras los niños van hablando y expresando los diferentes sonidos, es muy probable que, para el resto, resulte muy gracioso.

Luego, al finalizar, entre risas, se les hará referencia a que la rigidez en el lenguaje muchas veces hay que dejarla a un lado, para así poder expresar con mayor libertad y practicidad la información que se desea trasmitir.

91- Canta conmigo

Recursos: solo los niños

Duración: 30 minutos

Número de niños: entre 5 y 15

El líder del grupo colocará a los niños por parejas, a fin de que trabajen en conjunto y logren alcanzar el objetivo con mayor facilidad.

Tendrán que escoger una canción, que les guste a ambos, y que juntos puedan cantar, deben conocerse la letra o la mayor parte de la misma.

La dinámica consistirá en que a la orden de la persona que lleva adelante la dinámica, deberán comenzar a cantar la canción, pero por parte.

Es decir, uno inicia con la estrofa, guarda silencio, el otro continúa con el coro, ambos la repiten, si hay alguna parte que no manejen entonces deberán imitar la letra y música emitiendo sonidos, de esta forma hasta finalizar la canción.

Todos tendrán la oportunidad de hacer su presentación, para luego, al final, recoger la experiencia de cada uno.

El lenguaje formal es muy útil en muchas de las rutinas diarias, pero el salir de él y expresarse de manera espontánea y hasta divertida, también es necesario en algunas oportunidades.

92- Transmite el mensaje

Recursos: solo los niños

Duración: 30 minutos

Número de niños: entre 5 y 15

Los niños serán colocados en círculo, la persona que realiza la dinámica será de emitir varios mensajes.

Escogerá a unos cuantos niños para que lo reproduzcan al resto, pero con la salvedad, que para ellos los niños deberán utilizar no solo palabras, sino también sonidos.

Ejemplo, "Pedro será el encargo de explicar al grupo que maría, no podrá jugar, porque está enferma y la llevaron al hospital a ponerle una inyección, la pobre lloró hasta más no poder."

Así como éste, se otorgarán diferentes mensajes, los niños escogidos, tendrá entonces la responsabilidad de expresarlos al grupo siguiendo las reglas explicadas.

Al finalizar, podrán compartir su experiencia y emociones surgidas durante la actividad, haciendo énfasis en la importancia de adquirir habilidades en las diferentes formas de expresión.

El poder repetir frases, sonidos, palabras y más forma parte de muchas de las actividades que se desarrollan en el día a día.

DINÁMICAS DE GRUPO PARA TRABAJAR EL DESARROLLO DE HABILIDADES PARA DAR RESPUESTAS ASERTIVAS A LAS PREGUNTAS FORMULADAS

93- ¿Qué pregunta?

Recursos: hojas y lápices

Duración: 30 - 45 minutos

Número de niños: entre 5 y 15

Las interrogantes acerca de ciertos asuntos, forman parte del día a día en la vida de cada persona.

Sin embargo, para los niños que han sido diagnosticados con TEA es muy complejo dar respuestas asertivas cuando se les pregunta algo.

La situación, aparte de estar relacionada con su condición, también se une a otras características que contribuyen al aumento de esta incapacidad, una de ellas es la falta de concentración.

Hacer uso de dinámicas grupales pertinentes colabora en ayudarles, de manera que, si pueden prestar un poco de mayor atención para escuchar bien y procesar la información, podrán entonces responder de manera correcta a cada pregunta o por lo menos acercarse a ellas.

El encargado de llevar adelante la dinámica indicará a los niños que deben colocarse en círculo.

Él se paseará en medio de ellos y les comentará que desea escucharlos hablar un poco acerca de sus gustos e intereses.

Cada uno tomará la palabra y comenzará a expresarse con la libertad, siendo algo que les interesa, de seguro, no será muy difícil.

Luego, se abrirá un espacio de preguntas y respuestas, las misma se harán en función de lo que cada uno expresó, el que dirige hará hincapié en que deben escuchar bien para poder responder correctamente.

En caso de no comprender o no saber responder, debe el niño entonces decir ¿qué pregunta? Para explicar, reformular la misma o en su defecto concederle más tiempo para pensar, ello contribuirá a su comprensión y por ende a una respuesta más asertiva.

94- El debate

Recursos: hojas y lápices

Duración: 30 - 45 minutos

Número de niños: entre 5 y 15

Los niños serán divididos en dos grupos iguales, se les concederá un tiempo pequeño, pero oportuno para que conversen entre ellos.

En medio de esa interacción deben escoger un tema que les apasione a todos, tema del que puedan hablar sin necesidad de leer o realizar una investigación al momento. Luego procederán a formular unas preguntas en relación a ese tema.

Cuando ya tengan todo listo, entonces ubicarán un grupo al frente del otro, uno de ellos inicia la actividad, realizará una pregunta de las que ambos grupos planificaron, el integrante del equipo contrario que sepa la respuesta, levantará la mano y responderá.

También tienen la opción de pedir un tiempo, unirse entre ellos, responder y escoger quién hable por todos.

Luego cambia el turno para que sea el siguiente grupo el que pregunte y el otro responda.

Así se realizarán varios intercambios, según las preguntas que se elaboren, gana el equipo que tenga más aciertos.

El debate es una dinámica de grupo muy popular utilizada para discutir cualquier tema, generando de esta forma un aprendizaje significativo.

95- La entrevista

Recursos: hojas y lápices

Duración: 30 - 45 minutos

Número de niños: entre 5 y 15

Los niños serán colocados en pareja, todos, con su compañero, deberán simular una entrevista.

Escogerán una acción, la que gusten, puede ser real o imaginaria, y planificarán la forma de representarla.

Puede ser una visita al médico, personajes importantes, concursos de comidas, los mejores juegos y juguetes, entre otros.

Escribirán una serie de preguntas y luego se organizarán escogiendo quién es el que entrevista y quién responde mientras simulan su escena.

Cada pareja tendrá su oportunidad para participar, enriqueciendo a los demás, no solo con su contenido, sino también con la habilidad de dar respuestas oportunas a lo que se pregunta.

96- ¿Cuántos son?

Recursos: hojas, lápices, colores, botones, juguetes y diferentes objetos pequeños

Duración: 30 - 45 minutos

Número de niños: entre 5 y 15

La persona encargada de realizar la dinámica organizará a los niños en pequeños grupos.

En el centro del espacio, colocará todos los objetos que puedan de manera desordenada, los equipos tendrán la tarea de recogerlos uno por uno y organizarlos según su categoría y cantidad, pues algunos estarán repetidos.

Por ejemplo, si organizan los juguetes deben precisas, 5 juguetes, un carro, dos muñecas, una pelota, una perinola.

10 colores, uno rojo, uno azul, uno lila, tres amarillos, 2 negros, 2 blancos, y así se hará sucesivamente con todos los objetos.

Una vez organizado, el que guía la dinámica preguntará grupo por grupo, qué ordenaron, cantidades y colores.

Todos tendrán la oportunidad de participar y responder, hasta que se tenga el registro completo de lo que cada grupo realizó.

Las preguntas cerradas y precisas, también ayudan a una mejor comprensión de ellas, dando la posibilidad a los niños con TEA, en medio de su dificultad de responder de acuerdo a los que le está preguntando.

DINÁMICAS DE GRUPO PARA TRABAJAR LA IRA

97- Libérate de la rabia

Recursos: hojas, lápices, globos

Duración: 30 - 45 minutos

Número de niños: entre 5 y 15

Los niños con TEA se caracterizan por ser muy impulsivos ante ciertas situaciones, responden e intervienen de manera exagerada, sin poder ejercer control propio sobre sus acciones.

Uno de sus impulsos más comunes, son los ataques de ira, al sentirse presionados o frustrados por algo que se escapa de su compresión, suelen explotar en el entorno en el que se encuentran.

Por ello, desde muy pequeños, se trabaja con ellos a través de diferentes juegos y dinámicas, que le permitan canalizar esta emoción de la mejor manera posible.

Se les entregará a los niños una hoja, un lápiz y un globo, en él deberá escribir aquellas cosas que tanto le irritan y que cada vez que tienen que hacerle frente, terminan explotando en ira.

Tendrán un tiempo prudencial para que puedan pensar y expresarse con toda libertad.

Una vez que hayan concluido, tomarán su papel, lo doblarán y lo introducirán en el globo llenando al mismo de aire. Luego, saldrán al exterior y lo harán volar, llamándolo el globo de la rabia.

Al regresar al espacio se les debe explicar que muchas veces hay situaciones que se escapan de las manos y no es posible resolver, a menos no al instante, pero que las explosiones de ira, son muy dañinas, estas debilitan y enferman el cuerpo.

Por esta razón, ante ello, lo mejor es hablar lo que molesta, con tranquilidad y dejarlo ir, en algún momento, se podrá retomar y dar respuestas oportunas, el fin último de todo ser humano, siempre debe ser, estar y sentirse bien.

98- El vaso de agua

Recursos: vasos, jarras con agua, mesas, música

Duración: 30 - 45 minutos

Número de niños: entre 5 y 15

Se da inicio a la actividad con una conversación libre con los niños, abordando el tema de la ira, pero dando libertad a ellos de que se expresen espontáneamente, ¿qué es lo que más les molesta? ¿Por qué? ¿Qué siente cuando estallan en ira y después? Son algunas de las interrogantes que se pueden utilizar para orientar la interacción del momento.

Luego se coloca la mesa, los niños estarán parados alrededor de ella, frente a ellos estará un vaso y una jarra con agua, uno para cada uno, al lado uno o dos vasos de repuesto.

En el fondo sonará una música, el guía de la dinámica explicará, que mientras la música suena, ellos poco a poco, deberán ir llenado el vaso, cuando todo quede en silencio se detendrán, mientras la música suene deben llenar, no se pueden parar, así se hará en varias oportunidades, mientras ellos cumplen con la tarea.

Sin embargo, omitirá que llegará un momento en el que la música no parará, sino que seguirá sonando, allí es donde tendrán que hacer frente a la complejidad, pues tendrán que utilizar los vasos de repuesto, pero al terminarse, si la música sigue sonando no tendrán más remedio que dejar botar el agua sobre el último vaso.

Cuando éste observe que a los niños se les está derramando el agua, procederá a parar la música, le entregará un vaso nuevo a cada uno y le indicará que, en él, deben recoger toda el agua regada.

Seguramente, para los niños esta orden causará un impacto o impresión, ya que es una tarea imposible, ahí el adulto tomará lugar y los sentará en un círculo y procederá a explicarles que así, tal cual como sucedió con el agua, sucede cuando se les da lugar a las explosiones de ira.

Una vez que se estalla y actúa indebidamente, es muy difícil poder recoger y explicar el por qué se reaccionó de esa forma, por esa razón, ante esas situaciones, lo mejor es respirar hondo, buscar un espacio para relajarse y dejarlo pasar, ya se habrá tiempo de buscar soluciones.

99- El volcán

Recursos: hojas, lápices y colores

Duración: 30 - 45 minutos

Número de niños: entre 5 y 15

Se entregará a los niños una hoja, lápiz y colores, luego se conversará con ellos acerca de la actividad que hace el volcán, la lava comienza a hervir, hasta que hace erupción, haciendo estallar al mismo y produciendo un desastre.

Luego se establece una comparación con los arranques de ira, se le concede la palabra para que puedan participar, se les pregunta ¿cómo se puede relacionar el volcán con la ira? ¿En qué se parecen? ¿Cuáles son los elementos que se pueden comparar?

Una vez todos hayan participado, les explicará que sí, realmente la ira es como un volcán, cuando la persona está a punto de explotar, comienza a sentir en el fondo de su estómago un pequeño calor o como que algo se revuelve y quiere salir.

Pero a diferencia del volcán los seres humanos, están en la capacidad de detener la erupción y por ende el desastre, cuando se comience a sentir que el volcán quiere explotar hay que tomar acciones, salir, respirar, concentrar la atención en otra cosa, hasta que el malestar comience a ceder.

Para finalizar, se les pide que dibujen un volcán, coloquen su nombre y escriban las posibles acciones que han de tomar cuando se vean en una situación que les produzca irritación.

100- El monstruo

Recursos: hojas, lápices, colores, frasco con tapa

Duración: 30 - 45 minutos

Número de niños: entre 5 y 15

Se inicia la dinámica conversando con los niños acerca de la ira, dando oportunidad para que ellos se expresen y hablen de todas aquellas cosas que los desestabilizan.

Se les pregunta cómo creen ellos que se pueden identificar esos impulsos tan molestos y con qué, un tsunami, un terremoto, un monstruo, entre otros, orientándolos a escoger a un monstruo.

Luego se les entrega la hoja, los lápices y los colores y se pide que dibujen ese horrendo monstruo llamado ira y que no olviden colocarle su respectiva cara, ojos, nariz, boca y por supuesto, a la hoja, el nombre de cada uno, se les pide colorearlo, después de todo si es el monstruo de ellos debe estar bonito.

Al concluir todos con su dibujo, lo tomarán, doblarán y guardarán en el frasco, cerrándolo con su tapa muy fuertemente.

Se les explicará, que el monstruo de cada uno de ellos, ha sido encerrado y que la única forma que pueda salir es que ellos mismos lo vuelvan a sacar.

Por esa razón, cuando se encuentren en una situación donde sientan ira y quieran explotar impulsivamente, recuerden que el monstruo fue destruido y apresado y que, si lo dejan salir, tendrán entonces que atraparlo nuevamente para poder apresarlo.

Lo mejor y más práctico será pensar, respirar, salir y después, de manera serena, retomar la situación para encontrar posibles soluciones.

DINÁMICAS DE GRUPO PARA TRABAJAR LA COMPRENSIÓN DE LOS LÍMITES DEL ESPACIO PERSONAL

101- Desde tu lugar

Recursos: objetos pequeños, tizas de colores, mesa

Duración: 30 – 45 minutos

Número de niños: entre 5 y 15

Es bien sabido que los niños que desarrollan autismo, les cuesta un poco de trabajo respetar el espacio de personal del otro.

Muchas veces su hiperactividad los lleva a desconocer que hay límites y que estos deben ser respetados.

Existe gran cantidad de actividades, que los ayuda a concientizar, conocer y a su vez respetar lo que forma parte de la individualidad de los demás, permitiendo de esta forma establecer mejores relaciones interpersonales.

La persona que guía la dinámica organizará a los niños en pequeños grupos, con las tizas de colores delimitará en el suelo el espacio para realizar la misma.

Primero colocará de extremo a extremo, un punto de partida y un punto de llegada, entre punto y punto establecerá varias filias, según el grupo de niños organizados y en ellas varios círculos, con una distancia prudencial, que serán el puente entre el punto de partida y el de llegada, en el de partida se ubicará una mesa con los pequeños objetos.

Luego cada niño, por grupo, según la fila que le corresponde, se ubicarán en los círculos, otros, representantes de su grupo estarán en la mesa y se serán los encargados de pasar los objetos.

Los mismos deben pasar por todas las manos hasta llegar al punto de partida, ningún niño puede salirse de su círculo, ni buscar de estar más cerca del otro, mucho menos tocar el espacio de su compañero.

Si es complejo pasar el objeto, debe buscar la forma de hacerlo, respetando las reglas. El equipo que logre pasar el mayor número de objetos será el ganador.

102- Resuelve

Recursos: láminas de papel bond, marcadores y cinta plástica

Duración: 30 - 45 minutos

Número de niños: entre 5 y 15

Los niños tendrán el reto de resolver ciertas actividades asignadas por el guía, con la particularidad, que cada uno lo hará desde su espacio, respetando el de los demás.

Las láminas de papel bond, se colocarán pegadas en la pared, una lámina será divida en dos y en ella trabajarán dos niños, no en parajes, individual, pero en la misma lámina, una mitad para cada uno.

Inicia la asignación de las actividades por parte de la persona que lleva adelante la dinámica.

La misma abarcará desde copiar palabras, resolver ejercicios matemáticos, dar respuestas a preguntas y adivinanzas y más.

Para todo tendrán un tiempo limitado, no se permite decir al compañero, permiso, hazme espacio, muévete un poco, entre otros, deben trabajar en silencio, desde su pequeño espacio.

Luego, se colocarán en círculo a fin de conversas un poco de su experiencia, cómo se sintieron y cuál es aprendizaje significativo que el mismo les deja.

103- Cambio

Recursos: música y tizas de colores

Duración: 30 minutos

Número de niños: entre 5 y 15

Se organizarán a los niños por parejas, con las tizas de colores se le delimitará un espacio a cada una, realizando un círculo o cuadrado en el suelo.

La dinámica consiste en que todos, con su pareja, comenzarán a bailar dentro del círculo en el que fueron ubicados, cuando el guía indique "cambio," rápidamente deberán moverse al espacio de la pareja del lado derecho.

No pueden quedarse fuera de ningún círculo, ni en el que estaban, deben moverse, y continuar el baile, respetando cada espacio.

La orden se le dará en unas cuantas oportunidades, hasta que la persona que los guía de por concluida la actividad, para así entonces, dar lugar a un tiempo de compartir, en el que expresen su experiencia, y qué tan complejo o sencillo, puede resultar, aun en las cosas más sencillas, respetar el espacio de los demás.

104- Espera el turno

Recursos: solo los niños

Duración: 30 minutos

Número de niños: entre 5 y 15

Todos los niños se sentarán en círculo, atendiendo la voz de su guía, se les concederá un espacio para que interactúen entre ellos libremente, estos tiempos, suelen tener gran importancia porque ayuda a romper el hielo, si lo hay.

Luego iniciarán la actividad, comenzarán hablando acerca de temas de interés para los niños, el líder hará preguntas y estos para poder responder, deberán levantar la mano y esperar sus turnos.

La actividad se irá poniendo un poco más compleja cuando el guía, comience a realizar intervenciones, en función de lo que los niños dicen, pero con intención, cambiará datos e información.

Es muy probable que los niños se vean tentados a interrumpirlo para corregirlo, sin embargo, bajo la orden de él "esperen su turno," estos deberán mantener la calma y comprender que deben esperar su espacio para poder intervenir.

Al finalizar, cerrarán con una pequeña reflexión acerca de la importancia de respetar el espacio de los demás y el poder saber esperar el turno para participar en ellos, solo si se les permite, ello forma parte de una buena convivencia.

DINÁMICAS DE GRUPO PARA TRABAJAR LA NECESIDAD DE ESTAR SOLOS

105- Acompáñame

Recursos: solo los niños

Duración: 30

Número de niños: entre 5 y 15

El conflicto para establecer relaciones interpersonales es una de las características principales y generales del espectro autista.

Pero no se trata solo de mejorar sus relaciones de confianza, empatía, compartir con el otro para integrarlos de la mejor manera, es también ayudarle a vencer ese deseo permanente de querer estar solos, y es ese precisamente, el objetivo que se persigue, a través de las diferentes dinámicas y juegos que son utilizadas como estrategias.

Los niños se sentarán en círculo, la persona que lleva adelante la dinámica, les asignará una tarea sencilla, escribe un poema, realiza una lectura, crea una simulación, entona una canción, entre otros.

Ellos procederán a escoger, entre los niños, con quien desean trabajar, en esta oportunidad, no se asignarán parejas, sino que ellos, libremente decidirán.

Pero antes de hacer su elección, le expresarán, a su compañero, una característica bonita y positiva, ejemplo, "Andrea, eres muy brillante, acompáñame a trabajar."

De esta manera, lo harán todos, hasta que estén ubicados y puedan tomar un espacio para cumplir con la tarea asignada.

El objetivo, es que aparte de fomentar el trabajo en conjunto, todos puedan sentirse queridos y útiles por todos sus compañeros, esto le permitirá abrirse a trabajar en conjunto en futuros encuentros.

106- Creando

Recursos: hojas, lápices, marcadores, plastilina, pintura y más

Duración: 30 - 45 minutos

Número de niños: entre 5 y 15

Bien es sabido que tanto el estar acompañados como el crear, no forma parte de las fortalezas de un niño con TEA.

Sin embargo, cuando las diferentes estrategias son utilizadas de manera correcta, siempre traen consigo un gran aprendizaje significativo.

La persona que lleva adelante la dinámica indicará a los niños que conformen pequeños grupos, escogiendo a los compañeros con los que se desea trabajar.

Esta dinámica goza de libertad, porque los niños crearán de acuerdo a sus gustos e intereses, pintarán, escribirán, recitarán, bailarán, entre otras actividades.

Se le entregarán los materiales y manos a la obra. Una vez concluida sus tareas, tendrán un tiempo para exponer los trabajos que realizaron y cómo lo hicieron en conjunto, es decir, qué hizo cada quien, dejando ver la importante participación de todos los compañeros.

El hecho de que puedan crear, según sus gustos e intereses, es una estrategia para captar la atención de los niños con TEA, a fin de que sientan la necesidad de trabajar en compañía.

107- Compartiendo

Recursos: hojas, lápices y colores

Duración: 30 - 45 minutos

Número de niños: entre 5 y 15

Se entregará a los niños, sus materiales para trabajar, hojas y lápices, los colores se le darán a unos sí y otros no, haciendo la salvedad que todos deben colorear, por lo que los mismos, serán de uso general.

Se indicará a cada niño el dibujo que debe hacer, un paisaje, una playa, una montaña, animales diferentes, rosas, árboles, otros, se señalará también un determinado tiempo para cumplir con la tarea.

Inicia la actividad y todos comenzarán a dibujar, exactamente cuando llegue el momento de pintar, se dará lugar al objetivo que se persigue, y es que los niños no podrán terminar el trabajo solos, deben necesariamente solicitar la compañía y colaboración de sus compañeros para poder concluir.

Una vez terminen y se les felicite por su excelente trabajo, debe también hacerse hincapié en lo necesario e indispensable que resulta para todo ser humano, el poder estar rodeado de grandes personas en diferentes oportunidades.

108- Toma mi mano

Recursos: solo los niños

Duración: 30 - 45 minutos

Número de niños: entre 5 y 15

Se solicitará a los niños que deben sentarse en círculo, la persona que lleva adelante la dinámica, iniciará la misma con una pequeña reflexión acerca de la importancia que tienen las demás personas en cada vida.

Les hablará, además, de que todos los seres humanos, sin excepción, siempre requieren estar con alguien ya sea para conversar, hablar, jugar, reír, entre otros.

Cuando termine su intervención, dará la palabra a los niños y preguntará su opinión acerca de la soledad, sus miedos, disgustos, las demás personas y más.

Una vez todos hayan participado, se les enumerará en 1 y 2, así sucesivamente, hasta que todos estén identificados.

Luego los dividirá en dos grupos, grupo 1 y grupo 2, ambos deberán hacer una simulación relacionada a una acción que represente ayuda a los demás, mientras hacen su representación deberán incluir la frase "toma mi mano," dando un cierre a la misma exitoso.

Ejemplo, si simulan que alguien se cae, deben ofrecer ayuda para levantarla, si simulan que alguien tiene hambre, deben ofrecer comida para ayudarla, de esta forma en cualquier acción que sea representada.

Cuando todos hayan concluido, se les hará hincapié en que así es el día a día, todos necesitamos del otro y el otro de nosotros, no hay razón para aislarse cuando hay tanta gente maravillosa a nuestro alrededor.

DINÁMICAS DE GRUPO PARA TRABAJAR EL USO DE LOS DIFERENTES MEDIOS DE COMUNICACIÓN DE MANERA ADECUADA

109- El mensaje

Recursos: solo los niños

Duración: 30 - 45 minutos

Número de niños: entre 5 y 15

El uso de correcto de todas las vías de comunicación es fundamental para un buen desenvolvimiento en el entorno.

Los niños que presentan autismo carecen de estas habilidades, que, aunado a otras debilidades hacen su cuadro mucho más complejo para una integración eficaz en cada uno de sus contextos.

Se hace un gran círculo con todos los niños, la persona que los guía será la encargada de llevar adelante la dinámica.

En pequeños papeles escribirá un mensaje, el cual será entregado a cada niño, una vez estos los tengan en mano tendrán la tarea de trasmitirlo al otro, utilizando para ello, diferentes medios, un teléfono, una carta, un correo, entre otros. Todo deberá realizarse a través de una simulación.

Ejemplo, el que desee usar el teléfono, deberá simular que tiene uno en mano y dará su mensaje, el que decide usar el correo, simulará que está frente a una computadora y dará su mensaje, así se hará con todos los mensajes hasta que se hayan expresado.

Luego, se les explicará, la importancia de manejar correctamente los medios de comunicación a fin de que la misma siempre sea eficaz.

110- Dibujando aprendo

Recursos: lápices, hojas, colores

Duración: 30 - 45 minutos

Número de niños: entre 5 y 15

Los niños se sentarán en parejas, el guía de la dinámica realizará una breve exposición acerca de los diferentes medios de comunicación que existen para comunicarse.

Dará participación a los niños, ellos podrán hablar acerca de los diferentes medios tecnológicos y el uso que le dan, explicando por qué creen que son importantes, qué pasaría si no existieran y más.

El objetivo es que den rienda suelta a su imaginación, asumiendo lo útil que realmente son en el día a día.

Una vez cerrada la conversación, se les entregará materiales, hojas, lápices y colores, se les indicará que deben dibujar aquel medio de comunicación que más conocen y más les gusta.

Cuando hayan terminado, deberán exponer y explicar por qué les agrada tanto y la importancia específica de ese medio.

La dinámica de repetir la información se hace con la finalidad de reforzar el contenido tratado, permitiéndoles adquirir un aprendizaje significativo.

111- La carta

Recursos: hojas y lápices

Duración: 30 - 45 minutos

Número de niños: entre 5 y 15

Se entregará a los niños una hoja y un lápiz, se les explicará que en ella deben escribir una carta de buenos deseos, haciendo énfasis, que la carta o correspondencia, forma parte que un medio de comunicación que no pasa de moda, aun, cuando los avances tecnológicos presentan nuevas posibilidades.

Cada niño, deberá inspirarse y comenzar a escribir, la carta debe ser hermosa, después de todo, los buenos deseos marcan la pauta.

Una vez concluido, procederán a hacer un círculo, cuando todos estén ubicados, el que guía la dinámica les solicitará escoger a uno de sus compañeros a quien quieran entregarle sus buenos deseos.

Cuando todos hayan escogido y entregado sus cartas, entonces uno a uno procederá a leerla, cerrando la actividad con un abrazo fraternal explicando nuevamente la importancia y utilidad de la carta como un medio de comunicación eficaz.

112- Exprésate

Recursos: solo los niños

Duración: 30 - 45 minutos

Número de niños: entre 5 y 15

Es bien sabido, que los niños con autismo presentan gran dificulta para expresarse, desde las diferentes formas de lenguaje, hasta el uso adecuado de lo diversos medios.

Esta dinámica permite que los mismos puedan expresar algún mensaje en total libertad y espontaneidad.

Los niños se colocarán en parejas, cada una estará identificada con un número, 1, 2, 3, 4 y así sucesivamente.

El guía que lleva adelante la dinámica, dará un mensaje a la primera pareja, esta a su vez deberá trasmitirlo a la pareja 2 pero haciendo uso de algún medio, hablado, escrito, por señas, como decidan hacerlo.

De igual forma la pareja 2, 3, 4 y las demás, pero utilizando un medio diferente, no se pueden repetir los mismos, ahí se presentará la complejidad, el objetivo es que puedan identificar el mayor número de medios posible y hacer el uso correcto de cada uno de ellos.

DINÁMICAS DE GRUPO PARA TRABAJAR LA AGRESIVIDAD CONTRA LA PROPIA PERSONA

113- Cambio y fuera

Recursos: solo los niños

Duración: 30 – 45 minutos

Número de niños: entre 5 y 15

Una de las características generales de un niño con autismo es agredirse a ellos mismos dándose golpes al cuerpo o pegando la cabeza contra la pared.

Es posible que esta conducta venga acompañada con un alto nivel de frustración por no lograr algunos objetivos propuestos.

Hacer uso adecuado de las dinámicas de grupo, les permite adquirir herramientas para madurar y hacer a un lado, este tipo de conducta disruptiva.

El líder de la dinámica organizará pequeños grupos, ellos deberán hacer la representación de una escena.

En ésta se debe hacer referencia a varios personajes, niños malcriados, padres, personas externas.

La idea es que los que representan los niños, hagan berrinches para obtener la respuesta deseada de sus padres, siendo la respuesta de ellos, un "cambio y fuera", que quiere decir hacerse a un lado y dejar que el niño, al ver la indiferencia de ellos, logre autocontrolarse.

Esta dinámica debe ser representada a través de diferentes emociones, para hacerla más divertida, una presentación llorando, una riendo, otro gritando, otra con señas.

Al finalizar se deben abordar a los niños y explicarles que el cambio y fuera forma parte de la estrategia que se puede utilizar cuando algún objetivo no pueda ser logrado y se genere frustración.

En la escena la acción la representan los padres, sin embargo los niños pueden hacer uso de ella cuando sientan que les invade el sentimiento de frustración y deseen agredirse. Cambio fuera, cambian la escena, toman control y luego retoman con una posible solución, si no la hay, simplemente se deja pasar.

Un ejercicio que suena muy práctico, pero que los niños con TEA deben ensayarlo para poder aprender.

114 - La muñeca

Recursos: una muñeca

Duración: 30 - 45 minutos

Número de niños: entre 5 y 15

Los niños deberán sentarse en círculo, la persona que lleva adelante, se sentará en medio de ellos con una muñeca.

La muñeca será pasada uno por uno, y cada uno tendrá un gesto con ella, el que quiera o la misma le inspire, primero la observarán detenidamente y luego procederán con la acción.

Un besito, un abrazo, un pellizco, lo que ellos deseen, una vez la muñeca haya pasado por todos, volverá a las manos del guía, quien la pondrá en un lugar aparte.

Retomará su espacio e indicará a los niños, que cada uno de ellos, hará a su compañero lo que éste le hizo a la muñeca.

Comienzan de derecha a izquierda, el quela besó, recibirá un beso, el que la abrazo, un abrazo, el que la pellizcó, un pellizco, si alguno la gritó, un grito.

Así harán sucesivamente hasta que todos hayan recibido el mismo gesto que tuvieron con la muñeca.

Para finalizar se les explicará que la muñeca es ellos mismos, y que muy probablemente los que tuvieron gestos amables y bonitos la alegraron, sin embargo, los que tuvieron gestos violentos, aparte de lastimarla la entristecieron.

De igual forma pasa con sus cuerpos, si los tratan bien y con amor, el mismo siempre estará feliz, si, por el contrario, lo tratan con rudeza este siempre estará triste y adolorido, cada personita debe aprender a cuidarse y a quererse.

115- ¿Qué te sientes?

Recursos: música

Duración: 30 - 45 minutos

Número de niños: entre 5 y 15

Este tipo de dinámica está relacionada con una técnica de relajación, se solicitará a cada niño ubicarse en el lugar su preferencia, una silla, un mueble, el suelo, un rincón, de manera que pueda estar cómodo durante el desarrollo de la misma. Se escogerá una música muy suave que será colocada de fondo.

La persona que lleva adelante la actividad, la iniciará haciendo un ejercicio sencillo de respiración, con ojitos cerrados, inhala y exhala, para que los niños estén totalmente tranquilos.

Luego los llevará a pensar un poco en todas las cosas bonitas que les pasan y que les gustan, su familia, amigos, juegos, estudios, paseos, juguetes entre otros.

Para así, dar lugar a aquellas cosas que no son tan agradables, les entristecen y los llena de molestia, a tal punto que desean agredirse.

Al llegar ahí, pregunta ¿cómo te sientes? Muchos dirán, molesto, triste, solo, apático, indiferente.

Es el momento entonces para ofrecerles las estrategias, ¿qué les parece si imaginan? Un paisaje, una playa, una comida, una montaña, un divertido juego, entre otros.

Pregunta nuevamente ¿lo imaginaron? ¿Es hermoso? Comienza entonces el cierre con una pequeña reflexión, tal cual se debe hacer cuando la ira o frustración les impulse a agredirse.

Pensar en las cosas bonitas y agradables, es la mejor manera de cambiar el panorama, hay cosas que simplemente se escapan de las manos y no se pueden lograr, y eso no está mal, es solo una pequeña parte del día a día, nadie tiene la culpa, menos tu cuerpo, ámalo y respétalo

Made in United States
Troutdale, OR
01/03/2024

16590979R00097